实证派犯罪学

〔意〕恩里科·菲利 著

郭建安 译

商务印书馆
创于1897 The Commercial Press
2019年·北京

Enrico Ferri

THE POSITIVE SCHOOL OF CRIMINOLOGY

THREE LECTURES

Given at the University of Naples, Italy

on April 22, 23 and 24, 1901

Translated by Ernest Untermann

Charles H. Kerr & Company 1906, Chicago

本书根据 Charles H. Kerr & Company 公司 1906 年英文版译出

目　　录

第一章　实证派犯罪学产生的历史背景* 5

各位朋友：

几个月以前，我正忙于繁杂的日常事务，贵大学数百名同学向我发出了邀请，要我以简短专题讲座的方式，向大家概括地介绍一下犯罪社会学的主要和基本观点。我愉快地接受了这一邀请，因为这正好与我的两个理想一致。这两个理想是潜伏在我生活中的一桩秘密，它们一直扣动着我的心弦。首先，这一邀请与我个人的生活理想一致，那就是在我的同胞中传播并普及科学思想。这些思想积累在我的头脑中，并非由于我有什么杰出之处，而是由于在人生的抽彩中，我从母亲那里得到了幸运奖。其次，这个邀请触动我心中的第二个理想，是在追求品行端正和知识增长的过程中团结起来，并在社会生活中感觉一个伟大目标在发光的意大利青年 6
人的理想。只要这一目标成为使青年人的渴望从利己主义的束缚之下摆脱出来的理想，至于它是否与我的观点一致都无关紧要。当然，我们实证主义学派十分清楚，生活上的物质要求同样会形成

---

* 本书是作者于 1901 年 4 月 22 日、23 日、24 日在那不勒斯大学的三次演讲。三章的标题均为译者所加。——译者注

和决定人类意识的道德与文化目标。但是，实证科学宣称，下述认识也是人类理想更新所必不可少的条件：没有理想，无论个人或集体都不能存在；没有理想，整个人类就已经死亡或行将死亡。正是由于理想之火，才使得我们每个人的生活成为可能，使它变得有益和充实。只有借助于理想，我们每个人才能在其或长或短的生命历程中，为同类的利益留下足迹。这次对我发出的邀请证明，那不勒斯大学的同学们相信这一科学的理想确实令人鼓舞地存在着，并急于更多地学习占据整个现存世界的科学思想；同时也证明，即
7 令枯燥的法院的门关得很严，生机勃勃的科学思想也一定会透过窗户而进入室内的。

现在，我就开始讲述这门以实证派犯罪学命名、在意大利为人们所熟知的新学科。像其他各个科学发展的现象一样，这门科学也不能狭隘地或凭空想象地将其归结为这个或那个思想或科学家的独创。我们必须把它看作是为医治犯罪病患而惨淡经营的科学门类的发展进程中出现的自然产物，是一种必然的现象。犯罪的祸患与现代文明的繁荣形成了一个阴暗而惨痛的对比。由于生理学和自然科学的巨大进步，人类在 19 世纪取得了战胜死亡和传染病的重大胜利。但是，另一方面，正当传染病逐渐消失之际，我们却看到道德疾病在我们所谓的文明社会中大量增长；当有了运用实验方法消除各种病因的科学医治手段之后而使得伤寒、天花、霍
8 乱等疾病大大减少时，另一方面我们却看到精神病、自杀和犯罪这三种令人痛心的社会疾病在不断地增长。那么很显然，尽管不是专门但是主要研究这些社会疾病现象的科学感到，有必要发明一种更加准确地诊断这些社会道德疾病的方法，以便进行某种有效

和更加人道的治疗，从而在同精神病、自杀和犯罪这三种阴暗现象的斗争中，取得更大的胜利。

实证派犯罪学作为上述奇怪对比的结果，诞生于 19 世纪的最
后 25 年间。如果我们找不到它存在的历史和科学原因，便无法解
释它。在意大利，当古典派犯罪学理论发展到顶峰时，另一方面这
个国家却存在着过去从未见过的数量极大的犯罪行为的不光彩状
况，这确实是一种令人惊异的对比。因此，犯罪学阻止不住上下波
动的犯罪浪潮。正因为如此，实证派犯罪学便与其他学科一样，自
然而然地产生了。它建立在我们日常生活状况的基础之上。我们 9
当中有一部分人（他们是这个新学科和新理论的创始人）宣称，对
于这门学科的出现，我们应当引以为自豪。科学家的头脑就像某
种电子储存器，感觉并吸收生活的震动及其心脏的跳动——闪光
的和丑恶的，并且由此得出必须满足特定社会需要的结论。另一
方面，一个实证派学者如果认识不到其前辈在此辉煌而又令人厌
烦的领域内进行了反对无知的斗争，并给后人留下了不可磨灭的
历史足迹，则足以证明其目光短浅。因此，实证派犯罪学的追随者
对古典派犯罪学表示了最诚挚的敬意。并且，我今天可以高兴地
说，这是我欣然接受那不勒斯大学邀请的另一个原因。我第一次
在这个礼堂讲述实证派犯罪学，距今已经 16 年了，当时这门学科
尚处于初创阶段。1885 年，我曾应先于你们在贵校学习的另一批 10
同学的邀请，有机会概述了实证派犯罪学的基本原理。今天，同学
们又给我这样一个机会，我深深地感到精神上的满足。因此，我无
论如何也不能拒绝你们的要求。那不勒斯科学协会在犯罪学研究
上保持了 19 世纪意大利人心中的名声，连外国学者都不得不承认

犯罪学是我们的专长。事实上，除了两大本水平较高的研究罗马法典的著作以及中世纪以来一直持续研究犯罪学的应用犯罪学家外，切萨雷·贝卡里亚的小册子揭开了现代犯罪学发展史上的光辉一页。现代犯罪学的发展由贝卡里亚通过弗朗西丝科·卡拉拉传给了恩里科·佩西纳。

佩西纳自己是结束古典派犯罪学时代的两位伟人之一。恩里科·佩西纳于其科学思想(后来不久即转变为陈旧、抽象与玄奥的
11 理论)闪光之时，在1879年的一个介绍性演讲中宣告，刑事司法必须接受自然科学的洗礼，以使自己恢复活力，以对事实进行灵活具体的研究代替抽象的研究。每个科学家自然都有其职责及历史的重要性。我们不能期望一个人的头脑在其已经发展到尽头时转向另一个新的方向。总之，一个很重要的事实是，这个最著名的古典派犯罪学的代表人物在古典派犯罪学问世一年之后，曾在本大学指出了古典派犯罪学进行改革的必要性。他期望有一天能以对自然的、实际的事实的研究来指导法律上的抽象观念。在本大学历史上还有一个可以援引的先例，那就是基奥凡尼·博维奥在这个特别赞许实证派学者的地方做了科学的宣传。在佩西纳进行其概述性演讲之前的6年间，基奥凡尼·博维奥已在本大学做过几次演讲，后来将其讲稿整理出版，名为《刑法的批判研究》。基奥凡尼·博维奥在这篇论著中履行了其批判职能，但是其所处的历史时代却阻止了他参与一门新学科的创立。不过，他已将旧派学说中的
12 破绽及弱点揭露无遗，为新观念的建立打下了基础。博维奥像基奥毕铁、弗莱罗、康福铁、蒂索克斯一样，主张旧派不可能解决古典派犯罪学的理论基础，即：刑罚与犯罪的关系问题。科学家、立法

者、法官，无论任何人都未能提出一个绝对的标准，使我们能够说某个刑罚对某个犯罪是公平的。我们可以发现一些暂时的权宜之计，但不能找到解决问题的方法。如果我们能确定哪些犯罪为最严重的犯罪，自然可以决定最重的刑罚，并确定一个递减的标准，在犯罪与刑罚之间建立起对称的比例。如果我们同意弑父是最严重的犯罪，我们就可以明确地判定最重的刑罚，如死刑或无期徒刑，然后始可确定一个较轻的犯罪的标准与相应的刑罚。但是，问题在于构成此结构的第一块基石而不在筑于其上的台阶。哪种刑 13
罚是适合于弑父罪的最重的刑罚呢？无论是科学、立法，还是道德观念都不能提出一个绝对的标准。有人说：最重的刑罚是死刑；另一些人则说：不，应该是无期徒刑；还有人说：不是死刑，也不是无期徒刑，是有期徒刑。如果有期徒刑是最高刑，那么监禁的期限应该是多少呢——30 年、25 年，还是 10 年？

在这个问题上，没有人能够提出一个绝对的标准。因此，基奥凡尼·博维奥得出结论如下：犯罪学中的内在矛盾是人类正义所不可避免的命运。这种正义在同这个矛盾的斗争过程中，必须转向民法求得帮助，以弥补其弱点。早逝的弗朗基里的光辉思想也曾闪烁出同样的光芒。因此，我们可以得出一个历史的法则，在人类处于最野蛮的状态下流行只有惩罚规定而没有关于矫正罪犯规定的刑法典。人类文明的逐渐进步将导致与此相反的只有矫正而 14
没有惩罚的观念。

在那不勒斯大学的历史上，古典派犯罪学的著名代表人物曾经认识到古典派犯罪学需要更新。博维奥曾经预见到古典派犯罪学的发展将无结果。现在，本大学中似乎有一批青年教师在犯罪学研究中坚持实证派的研究方向，如你们熟悉的彭太、苏加力里等。然而，由于其思想仍然受恩里科·佩西纳的权威所影响，我认为法理学教师在刑法研究中仍然缺乏活力，这并不难理解。如果一棵大树巍然屹立，周围又向着蓝天长出许多枝干，其周围幼小的植物便感到缺乏阳光和空气，奄奄一息。但是，如果生长在其他地方，它们也能争奇斗艳，茁壮成长。

由于意大利人对研究犯罪学有着特殊的兴趣，因此实证派犯罪学源于我们意大利并不是偶然的。同时，它的诞生也应归结于我国的特殊环境，这种特殊环境即一方面犯罪学理论非常发达，而
15 另一方面实际上犯罪行为又不断增长，这便形成了一个强烈而又令人惊异的对比。

1872 年，切萨雷·龙勃罗梭的著作诞生，标志着实证派犯罪学的建立。自 1872 年至 1876 年，龙勃罗梭首先通过示范开辟了一条研究犯罪行为的新途径，那就是在研究和理解犯罪之前，必须首先了解犯罪人。龙勃罗梭用人类学的观点，研究了意大利各种监狱中的囚犯。他汇集了他在伦巴第科学和文学院的研究报告，后来出版了其名著《犯罪人》。此书第一版(1876 年)，由于其科学材料不足，或者由于龙勃罗梭尚未做出任何能够引起科学界和法律界注意的一般科学结论，几乎没有引起人们的重视。但是，与其第二版(1878 年)同时出版的两篇专著，成了新学派的胚胎，用社会学和法学方面的结论和体系补充了龙勃罗梭的人类学研究。拉斐尔·加罗法洛在《那不勒斯哲学与文学》杂志上发表了一篇论犯
16 罪行为的论文。他在文中宣称，罪犯的危险性应当成为社会用来测量其预防犯罪职能的标准。同年，即 1878 年，我有幸发表了一

篇否认自由意志与个人责任的文章。我在文中坦率地主张，今后凡研究犯罪与刑罚的科学，都必须在人类和社会生活本身中寻求社会预防犯罪的科学的基本事实。以上三本论著同时发表，在当时的犯罪学界引起了一阵骚动。那些古典派教授们虽然接受了佩西纳和艾力罗劝其研究犯罪的自然原因的建议，但仍看不起这些新思想。当这些新方法与旧思想毅然决裂时，这些人不仅批评新思想，而且还成了新理论的激烈反对者。这种情况也是容易理解的。为生存而斗争是一条不可违抗的自然法则，就像橡树上成千上万只微生物终究要随风飘散一样，人类头脑中产生的观念终究要传播出来。但是，如果一种观念中含有真理的成分，则一切围
攻、诬蔑、批评和反对都无济于事。而且，我们应当把一般知识界 17
（无论是普通人还是科学家）对于所谓新思想的反对视为自然的行为。当有些人的头脑中感觉到一种新思想之光时，因此而遭受的轻蔑和批评，可以视之为检验这种新观念正确与否的试金石。如果新思想是错误的，将会因失败而被放弃；如果新思想是正确的，批评、反对和围攻则可以从其粗陋的外壳中剔出金质，使这种新思想征服一切而不断前进。各行各业如艺术、政治和科学等莫不如此。大凡一种新的思想总是自然而然和不可避免地会引起传统思想的反对。在古典犯罪学创立的伟大历史时期，贝卡里亚也被其时代以一个世纪后用来反对我们的理由所抨击。

1764 年，[*]切萨雷·贝卡里亚出版了其《论犯罪与刑罚》。该

---

[*] 贝卡里亚于 1764 年出版《论犯罪与刑罚》一书，《实证派犯罪学》一书的英译本误作 1774 年。——译者注

著作的出版日期和地点都是伪造的，书中反映出作者渴望法国革
18 命高潮到来的愿望。在法国，当他猛烈抨击中世纪法律的野蛮，激起学术界甚至于一部分政府人员的热情时，却遭到了大多数法学家、法官和哲学界的反对、诽谤和谴责。神父法基内出版了4卷书反对贝卡里亚。仅仅因为贝卡里亚反对刑讯逼供和死刑，法基内便将其称作是人类正义和道德的破坏者。

刑讯逼供，我们错误地将其归咎于当时法官心理上的残忍，其实它是当时法学理论的必然结果。当时的法学理论认为，要判处某人有罪，必须具有证明其有罪的证据。被告人的口供是证据之王，而刑讯逼供则是取得这种王牌证据的最好方式。如果被告人拒绝承认有罪，就必须求助于刑讯，以迫使他坦白因害怕刑罚而隐瞒的事情。因此可以说，刑讯逼供可以抚慰法官的良心，他一得到被告人的口供，即可以自由处罚被告人。切萨雷·贝卡里亚与其
19 他学者一同起来反对刑讯逼供，因此法官和法学家都提出抗议，说如果因为一个嫌疑犯不自愿坦白而得不到证据，便无法确定案情，刑事审判也无从进行下去了。所以，他们谴责贝卡里亚是强盗和杀人犯的保护伞，因为他主张取消迫使罪犯供认罪行的唯一方式——刑讯逼供。但是，贝卡里亚手中握有真理的巨大力量，他确实可以称得上是时代的电子储存器，他把时代气氛中即将到来的革命预兆——人类良心的震撼，统统收集起来了。各位可以从萨瓦的达奎恩、法国的佩内尔、英国的哈西·塔克的著作中发现同一例证，他们试图发动一场治疗精神病的革命。我们对这段插曲颇感兴趣，因为它是实证派犯罪学发展道路上的一个极好的例证。
20 精神病同样被认为应当受到谴责是因为精神病患者的行为。

19世纪初，赫恩斯医生仍然认为精神病是发病者的道德罪过，因为“除非背弃了善良和敬畏上帝的正轨，没有人会发疯”。 20

按照这种假设，精神病患者就要被关进可怕的地牢、戴上锁链、遭到刑讯和拷打，因为精神病患者的精神错乱行为是出于患者自身的过错。

佩内尔当时发表了其革命思想，主张精神病并非道德过失，而是像其他疾病一样，也是一种疾病。这种观点现在看来已经很平常了，但在当时则足以使全世界对这个问题改变态度。看来，佩内尔所提出的革新观点俨然就要把整个世界和人类社会之基础打翻。巴士底狱风暴发生前两年，佩内尔进入撒勒佩特里尔的疗养院，做出了解放锁链束缚下的精神病患者的勇敢举动。他用实践来证明，当解除了精神病患者的锁链时，患者变得更为安静，而不是做出疯狂捣乱和破坏性的举动。佩内尔、恰鲁基等人的这一伟大革新，改变了公众对精神病的态度。以前视精神病为道德罪过，而今因科学之昌明，公众的意识也不得不承认这一事实，即精神病和其他病症一样是一种疾病；一个人患上精神病，并不是他自己愿 21
意那样，而是遗传以及生活环境影响的结果，是在环境的压力下形成精神病的基础，而后变成了精神病人。

实证派犯罪学以医治罪犯的观点完成了与上述几位科学家为医治精神病患者所完成的同样伟大的革新。古典派犯罪学和一般公民均认为犯罪含有道德上的罪过，因为犯罪者背弃道德正轨而走上犯罪歧途均为个人自由意志所选择，因此应该以相应的刑罚对其进行制裁，这是迄今为止最流行的犯罪观念。人的自由意志的观念（因果关系是其中唯一不可思议的因素）引出一个假定，即

一个人可以在善恶之间自由选择。但是，当用现代实证研究方法
22 武装起来的近代心理学否认了自由意志的存在，并证明人的任何行为均系人格与人所处的环境相互作用的结果时，你还怎么相信自由意志的存在呢？

如果说每个人在放弃善行和专门从事犯罪之间都可以自由选择的话，怎么能继续墨守道德过失的陈腐观念呢？相反，实证派犯罪学主张，犯罪人犯罪并非出于自愿；一个人要成为罪犯，就必须使自己永久地或暂时地置身于一种个人的、自然的和道德的状态之下，并生活在从内部和外部促使他走向犯罪的那种因果关系链条的环境之中。我认为这就是我的结论，也是我们实证派犯罪学在主要原则上与古典派犯罪学根本不同或者是相反的研究方法。

这种方法是实证派犯罪学的基本原则，你们从中可以发现这一犯罪学派外表上发展缓慢的又一个原因。这是极为自然的。如
23 果你们仔细观察贝卡里亚的思想对于中世纪刑事司法的重大改革，就会发现这一伟大的古典派的改革步伐甚小，因为其刑事司法的理论和实践基础仍然停留在中世纪和古代的个人道德责任的观念之上。对于贝卡里亚、卡拉拉等开创者来说，这一观念只不过是罗马法汇编中第 47 和 48 篇的规定：“犯罪者应当受惩罚的程度，视其犯罪行为的道德过失的程度而定。”因此，整个古典学派只不过是一系列的改革而已。死刑在有些国家已被废除，刑讯逼供、没收财产和肉刑也被取消。但是，古典派掀起的巨大的科学运动还仍然只停留在改革上。

到 19 世纪，仍然用中世纪的方式看待犯罪：“凡是杀了人或盗窃的，只能由拥有无上权力的裁判者来确定他是否出于自愿。”这

仍然是古典派犯罪学的基础。这一点就足以证明古典派犯罪学为
什么比实证派犯罪学发展迅速。但是，自贝卡里亚时起，到刑法典 24
上显现出了受古典派犯罪学改革影响的迹象为止，仍然用了半个
世纪的时间。因此可以说，古典派犯罪学从其创立到今天为人们
普遍接受，也经历了相当长的时间。实证派犯罪学于 1878 年诞
生，这并不仅仅代表刑事司法方式的改革，而且代表刑事司法本身
的彻底改变。这一改变已有相当的发展，在我国也已开始有所表
现。实际上，我国现在实施的刑法典，就个人责任的规定而言，是
自由意志的陈旧理论与否认自由意志的实证派结论之间相互妥协
的产物。

古典派犯罪学大师马里奥·帕加诺曾经写过许多关于刑法典
的论文，诸位可以从其文中以幻想逻辑进行雄辩的歪曲中找到上
述例证。这位值得称赞的科学家和爱国者，并没有把自己锁在孤
陋寡闻的研究室里，固执己见。相反地，当他发现当时令其内心激 25
动的思想时，便把毕生精力都贡献给了它。他仅写了区区 3 行文
字："一个人应对其所犯的罪行负责；如果在其犯罪之际，只有 1/2
的意志自由，应当负 1/2 的责任；如果只有 1/3 的意志自由，则只
负 1/3 的责任。"诸位在此可以得知古典派犯罪学坚实而又绝对的
定理。但是，在 1890 年的刑法典中，著名的第 45 条试图要把刑事
责任建立在简单意志（simple will）的基础之上，排除自由意志
（free will）。但是，意大利的法官却假装不知道否认自由意志的
科学家的人数在不断增加，仍然立足于根据假定存在的自由意志
进行刑事审判。像判决罪犯这样一种可畏的职位，怎么可能因第
一个否定自由意志存在的人是否使这一职位失去根据而保持稳定

或被动摇呢？

诚然，据说意大利新刑法对这个问题一直感到很棘手。正是因为这个缘故，有人主张最好是把刑事责任建立在下述的观念之
26 上：一个人犯罪就是因为其本人要犯罪；如果他并非出于自愿而犯罪，则不负刑事责任。但是，这是对待困难的一种折衷方式，是不能解决任何问题的。因为在同一部刑法典中还规定，有过失行为的罪犯同样也要受到惩罚，所以过失杀人和过失伤害也与故意杀人和故意伤害的行为一样，都要处以监禁。我们听说，在有些案件中，也许行为人本来不愿意出现这种结果，但结果又确实为其行为所致。如：一个猎人隔着障碍物射击，打死或打伤了他人。他不是故意杀人，但其最初射击的行为是自愿的，因此仍然要负刑事责任。

以上的叙述适用于积极行为引起的过失犯罪。但对于消极行为引起的过失犯罪应如何规定呢？如：在火车站，火车的运行代表着人、物及思想的运转，开关是一种特别精密的仪器，操作人员稍有不慎，即可引起火车脱轨。铁路局派了一名工人担任此项职务，
27 但由于他一时疲倦，或因工作时间过长而精疲力尽，失去应变能力；或因其他原因，操作人员忘记搬动开关，以致发生交通事故，造成人员伤亡，能说其最初的行为是自愿的吗？绝对不能！因为他并未打算做任何行为，实际上也未做任何事情。猎人打了一枪至少有射击的故意，但这个操作人员并没打算忘掉操作（因此他应负间接责任）。仅仅因为疲倦而忘掉其职责，他没有任何故意，但各位坚持说，无论如何都应当让他负刑事责任！各位对此案的推理的基本逻辑和对其他事物的推理逻辑是一样的。立法者自以为不

用自由意志而用简单意志的折衷标准来作为刑事责任的基础，可以体现出刑法典的相应进步。但法官在平时的刑事审判过程中，不是常常将立法者所制定的这种折衷的权宜之计置之脑后吗？他们在刑事审判过程中不都是墨守其头脑中的旧观念，而仍然适用 28
立法者认为应当舍弃的自由意志这个不合时宜的标准吗？一方面地方法官在审判中假定自由意志存在，另一方面立法者又规定这种假定不合法。我们认为，这个如此明显的矛盾是刑事法律改革不彻底而又没有诚意所导致的结果。因此，在科学和立法方面，我们应当像古典派或实证派犯罪学那样，遵循一种直接的合乎逻辑的原则。但是，无论是谁，当其提出一个非驴非马的办法，就认为自己已经解决了问题时，都将会得出最荒谬和不公正的结论。诸位在日常生活过程中自然可以发现这一点。如果将来有人犯了最凶恶而又难以理解之罪，法官的良心便会为下列问题所困扰：犯了此罪的行为人从主观上讲是自由的吗？法官可以引用立法的规定，以第 46 条[1]或第 47 条[2]所规定的折衷办法作为根据，减轻罪 29

---

① 第 46 条："行为人在行为时处于无意识能力或无行动自由的精神状态之中，不负刑事责任。但如果法官认为宣告被告人无罪有危险，则必须交由适当的机关监督，并对其采取必要的预防措施。"

② 第 47 条："如果前条所规定的精神状态属于减轻行为人的行为责任而非完全免除刑事责任之情节，依下述规定确定行为人的刑罚：

1. 凡处 6 年以上监禁，不再适用感化院的那套方式；

2. 以一定时期的剥夺公民权代替永久性剥夺公民权；

3. 刑罚为 12 年以上时减为 3 至 10 年；为 6 年以下 2 年以上时减为 1 至 5 年；在其他情况下，则减轻原判刑期的 1/2；

4. 罚金时减半；

5. 如果刑罚应为限制自由刑，法官可以判处罪犯进入工场劳动，除非有关机关提出异议，其余判决依通常方式执行。"

犯 1/2 或 1/3 的责任，来判处罪犯 1/2 或 1/3 的刑罚。

上述种种情况，在一些重大和令人惊异的犯罪中皆可发生。另外，诸位不妨到市法院或治安法院去看一看，有许多无足轻重的犯人，或因为在严冬时盗取一束柴火，或在沙龙中与人争吵时扇他
30 人嘴巴，而受到莫名其妙的审判。如果他们能够找到一个辩护律师，律师要指定医学家进行鉴定，法院如何作答呢？如果有一起凶恶而又令人惊异的犯罪使法院的审判受到震动，那么作为审判前提的全部基础就会发生动摇，审判顿时止步不前，便只好求助于法医学，并要在判决之前反映出来。然而，对于那些贫穷而又无足轻重的案子，法院的审判并不会停下来考虑：这些犯罪学中的轻微罪犯，其进行盗窃是出于先天遗传或后天退化，还是由于长期饥饿引起的精神错乱呢？法院认为他们不值得同情。当这些轻微罪犯请求法院对其所犯之罪给予较为人道的同情时，法院仅对其嗤之以鼻而已。

的的确确，有时候也出现一些与公众的感情非常接近的法院，贤明的法官被对人类现实生活中痛苦的理解所触动。在刑事司法不合乎理性的情况下，他可以折衷古典派与实证派犯罪学所主张
31 的方式，求得一些可以平抚其良心的权宜之计。

1832 年，法国采取了一项刑法改革措施，似乎代表了司法界的一种进步，但实际上它是对正义的否定：其折衷办法是“减轻情节”。对一些可怜的犯罪人，法官可以不咨询法医的意见，不管社会影响如何而径行判决。然而，为了安抚法官的良心，对被告人依“减轻情节”的规定减轻一些刑罚，表面上似乎是司法的宽大，实际上是对正义的否定。因为你既然相信罪犯应当对其所犯的罪行负

责，那么在本案中又以"减轻情节"的规定减轻处罚就是伪善。或者说，你引用"减轻情节"的规定是出于善意，然后你又承认该罪犯有缩小其道德责任的情节，那么"减轻情节"的适用是对正义的否定。因为如果你对有关减轻情节的确定真是出于诚意，那么你就应该深入下去，仔细审查所有有助于产生"减轻情节"的许许多多的情况。但是，什么是"减轻情节"呢？家庭环境属于"减轻情节" 32
吗？如：一个孩子被家长单独放在家中，父母都投身于现代工业的洪流之中去。现代工业违反自然规律，妨害人类的天然作息。因为蒸汽机日夜工作，永不停息，所以太阳落山已不再是工人休息的信号，而是下一班工作的开始。这不仅适用于成年人，而且也适用于那些处于身体发育阶段的未成年人，因为他们的肌肉力量也能为资本家生产利润。而且，这还适用于在神圣的妊娠期内的母亲，她已变成了工业机械中的一个齿轮。你将会发现，把孩子留在家中，任其在污秽的生活环境中自生自长，那他这段历史必定将被记录在犯罪统计册之中，这就是我们所谓人类文明的耻辱。

在第一讲中，我自然无法告诉你们这门现代科学的积极结果，哪怕是它的一个侧面。这门科学研究的是罪犯及其环境，而不是罪犯的犯罪行为。因此，我只能讲几个有关实证派犯罪学历史起 33
源的问题。但是，你们也会懂得，这样一个重要的问题不是三言两语就能概括得了的，值得人们从物质生活、精神生活和文化生活等多方面进行深入的研究。我只能够说，现代自然科学（不仅生理学，还有心理学）的趋势已经否定了那些坚持仅仅自己观察心理学现象而且认为不借助任何其他手段就能了解这些现象的人的错误观念。实证派科学则相反，它依靠人类学以及对环境的研究取得的证据，得出如下结论：我们不能承认自由意志。因为如果自由意志仅为我们内心中存在的幻想，则并非人类心理上存在的实际功能。自由意志应该是指：人类意志在需要自愿做出某种决定时，在促使他做出或者不做出这种决定的环境压力下，拥有最后决定取
34 舍的力量；而且也意味着：按因果关系的规律，在对抉择有影响的内部和外部的环境中，人类意志可以独立自由地做出或者不做出某种抉择。

例如，有人侮辱了我，当我离开受侮辱的地点时，脑子中就产生原谅、杀人或复仇的念头。假定无论任何人，除法律明文规定排除或限制其能力的人，如未成年人、先天聋哑人、精神病人、酒鬼以及激愤达到一定程度的人之外，都有完全的自由意志。如果一个人不在上述情形之列，就被认为有自由意志。他若杀了人，就负有道德上的责任，并因此而受到惩罚。

自由意志的幻想来自我们的内在意识。它的产生完全是由于我们不认识在做出决定时反映在我们心理上的各种动机以及各种内部和外部的条件。

如果一个人明白决定某种现象的是某个主要原因，他就会说
35 此现象是不可改变的。如果他不懂得这些，他就认为这是一个偶然事件，这一点也和自然界的情况一样，人类意志的任意现象使之不懂得该这样决定还是那样决定。例如，我们当中有人认为，而且许多人仍然认为，气象现象的变化是偶然事件，是不可预测的。但是，科学却同时证明它们也受因果关系规律的支配，因为科学已发现气象变化的原因，使我们能够预测其变化过程。因此，借助于电讯联结起来的气象站网，可以成功地发现风暴及其他自然现象的

因果关系，气象预报便取得了惊人的进步。用偶然事件的概念来说明自然现象的性质，显然是不科学的。各种自然现象都是事前存在的决定该现象的原因的必然结果。如果那些原因为我们所知，我们则断定那种现象是必然的，是命中注定的；如果我们不了解那些原因，则认为那种作为结果的现象是偶然的。人类现象也是如此。不过，因为我们不了解大多数事件发生的内部和外部原 36
因，便佯称这些事件是自由现象，并非必然地取决于其原因。因此，自由意志的唯精神论就意味着，尽管其内部外部条件必然在事前已经确定，但每个人都应该能够靠其自由意志的许可做出一个审慎的决定。因此，即使所有的原因都倾向于“不”，而他个人仍然可以选择“是”。反之亦然。那么有谁认识到什么是他审慎地确定某种行为的原因呢？可以恰如其分地说，我们行为的大部分系由习惯所决定，我们的心理也往往随习惯而定，而不去考虑有利或不利的理由。我们早晨一起来，就近乎自动地从事日常事务，把从事日常事务当作一种职能而履行，并没有想到所谓自由意志。只有在一些非常和重要的情况下，要求我们做出特定的抉择，即所谓自主考虑时，我们才去权衡有利和不利的理由；我们才深思熟虑，犹 37
豫不决该怎样去做。即使在上述情况下，当我们做某种考虑时，如果在决定前一分钟有人问我们将怎样决定，我们还不知道怎么去决定，可见做出某种抉择很少取决于我们的意志。只要还未做出决定，我们就始终不能预料到我们将如何决定，因为在我们所处的情形之下，出现的那种心理过程并不是我们的意识所能预料的。我们既然不知道原因，当然也不可能说出其结果。只有在我们做出某种决定之后，才能设想它属于我们的故意行为。但是，在我们说不出其结果之前的一刹那，还不知道其原因。这就足以证明，行为的选择并非仅仅取决于我们自己。例如，你已决定和学友开个玩笑，并且这样做了。但他对此很不友好，使你感到吃惊，因为这与他的习惯和你的预料正好相反。过了一会儿，当你得知他昨天
38 早晨收到家中传来的噩耗而不适宜开玩笑时，你就会说："如果事先知道这样，我绝不会与他开玩笑的。"那就等于说，你的意志天平倾向于"不"的动机时，则决定不为之；但因你不知道学友心境不佳而处于反常状态时，你则决定为之。"我若知道，绝不会如此"这句话，足以代表我们的内部意识，从而就否定了自由意志的存在。

此外，无论物质或者能量都不可能创造，也不可能消灭，因为物质和能量是永恒的、不可毁灭的。它们可以以各种不同的方式转化，但绝非增加或减少一个原子或者增加或减少一次振动。因此可以说，在任何特定的时候，决定我们意志的都是内部和外部条件的力量。但是，自由意志的观念，无论在哲学还是神学方面，都背离了因果关系的规律。圣·奥古斯丁和马丁·路德提出了无可
39 辩驳的神学论据，否定自由意志的存在。上帝万能与自由意志的观念就不相容。如果说任何事物的发生，都是一种超人的万能的力量使其如此（即使一个树叶落在地上，也是上帝的意志），那怎么能说儿子杀死父亲未得到上帝的许可呢？不是上帝的意志呢？因此，圣·奥古斯丁及马丁·路德写出了《论奴隶的意志》。

但是，因为神学论据仅适用于信仰上帝的人，上帝的观念并非科学所给予我们的，所以我们只能求助于我们观察到的支配物质和力量的规律，求助于因果关系的规律。假如现代科学已经发现了通过因果关系而将各种现象联结起来的普遍联系，指出各种现

象均为事先存在的原因的结果;假如因果关系的规律成为现代科学思想的基础,那么承认自由意志显然就要推翻凡果必有其因的因果规律。这样的话,支配世界万物的因果规律将自行消失在人 40
类脚下,人类将按其自由意志而不是按照相应的原因创造出相应的结果!当人们对于人类持有完全不同的观念时自然就会这么认为。但现代科学的成就及其对实际生活的影响,已经引导我们追寻我们与世界以及我们各自之间的联系。从过去几个世纪以来一直支配文明人类的巨大幻想的泯灭,可以看出科学产生的影响。哥白尼和伽利略的科学思想,已经消除了人们把地球看作是宇宙万物中心的幻想。

翻开西塞罗的《职务篇》和但丁的《神曲》,诸位可以发现,他们认为地球是宇宙万物的中心,无数行星围绕地球运行,人是万物之王。这是一种由于许许多多的牵强附会而产生的地球中心及人类中心的幻想。但是,哥白尼和伽利略出来证明说,地球并非静止不动的。它是冲向无垠太空、从远古时候起就绕着太阳这个中心体 41
旋转的宇宙物质中的一颗粒子。它最初是无数的原星云。当有人意识到这个新理论将推翻许多宗教传说和道德信条时,伽利略就被处以死刑。但伽利略讲的是真理。今天,人类再也不会沉溺于地球为宇宙万物中心的幻想之中了。

人们的生活依靠幻想,但随着科学的进步,为了努力使自己接受由事物本质(人类即其中一部分)所产生的新的真理,又不得不忍痛割爱。地球中心说消失之后,人类中心说仍然存在。人们仍然认为人类是地球上的万物之王,是陆栖生物的中心。各种动物、植物和矿物都是专门为人类而创造出来的,而且自远古以来便是

我们今天所见到的这个形态，因此可以说，凡生长于地球上的各种动植物，自古以来就是如此。例如，西塞罗讲，天空环绕地球，人类
42 才能够在夜间欣赏天空的星光美景；动物和植物是为了人类的使用和享乐而创造的。但是，查尔斯·达尔文于1856年出来总结了一个世纪以来的研究成果，以科学的名义打破了人类为万物之王和中心的堂堂幻想。为了回击黑暗势力的攻击和诽谤，他论证了人不是万物之王，而只是动物进化过程中最后的一个阶段而已，自然界充满着永恒的活力，因此动物、植物以及矿物（生化规律甚至于在结晶体中也起作用）从不可目睹的微生物演变成为最高形态——人类。

人类中心幻想派极力反驳达尔文的理论，指责达尔文把人类生活降低到污垢或畜生的程度。但达尔文的一名门生在耶拿大学宣传达尔文的理论时，对此做出了正确的回答。正是这位海克尔在演讲的结束语中说："就我个人而言，我宁愿做一个极其完善的猿猴，也不愿做一个退化和下贱的亚当。"

43 人类中心说的幻想，在科学的成就面前，不得不逐渐破灭，达尔文的理论如今已经深深根植于我们的思想之中。但是，现在仍有一种幻想存在，幻想19世纪已经建立起了永久的社会秩序，而以研究现实为目的的科学将逐渐消除这一观点。地球中心说和人类中心说已经消失，而阶级永恒不变的幻想依然存在。然而，回想一下16世纪的荷兰、17世纪的英国、1789年革命之后的欧洲，我们发现，资产阶级曾为之奋斗的科学、文学及艺术上的思想自由，已经战胜了中世纪教条的专制。这种情形并非光荣，而只是一个过渡阶段，但却被认为是人类发展的终点，若不图进一步完善改

革，今后势必受到谴责。既然这种幻想声称基于贝卡里亚和卡拉 44
拉的学说而建立的刑事司法是革命的异端学说，那么它也是反对实证派犯罪学的一个基本论据。这幻想还是攻击那些持人类将合乎逻辑地进入到社会主义社会的人的理由，因为以哥白尼、伽利略和达尔文的理论为基础建立起来的科学，在理论上都以社会主义作为人类社会的最终归宿。社会主义只不过是经济和社会制度的一种自然的和物质的变迁。地球中心说及人类中心说盛行之际，爱好社会稳定不变的思想当然会深深地表现于科学及生活之中。作为生命原子的人类岂能对依据地球中心说和人类中心说建立的万物秩序妄加改变呢？在科学引进自然形成和变化的概念、太阳系和动植物系统的观念出现为止，人类心目中的观念一直是：思想与行为可以改变世界。

因此，我们深信，对犯罪的研究以及由此而得出的合乎逻辑的
结果将完全改变人类的司法制度。它不仅仅成为科学典籍中的一 45
种理论，而且随时能够适用于那部分因陷入犯罪深渊而在痛苦中生活的人，发挥其实际功能。我们坚信，科学真理的成就将把刑事司法变成一种保护社会免受犯罪这种疾病侵害的简单职能，铲除所有今天尚存在的复仇、憎恶和惩罚等未开化时代的遗痕。今天，我们仍然可以听见以“公共复仇”对待犯罪者，司法工作仍然主要以用剑而不是用剑鞘作为其象征的论调。但是，作为常人的法官不能确定谋杀或者盗窃者的道义责任。只有通过实验方法和科学方法，从犯人的生理、心理以及家庭、环境等方面，对我们称之为犯罪痼疾的病因探究之后，在科学指导下的司法才会抛弃目前降临在那些可怜的犯人头上的血腥判决，而成为另一种以除去或减少犯

46 罪的社会原因和个人原因为首要目的的医治职能。只有到那时，法
官才会放弃以死刑的羞耻或单独监禁的荒谬对犯罪人进行报复。

一方面，法官的判决决定着个人的生死，但法官的死刑判决也可能有误；除非出于正当防卫的需要，社会不能剥夺某个人的生命。另一方面，当贝卡里亚宣传其理论之际，约翰·霍华德走遍欧洲，历数当时已成为全社会传染病中心的混合监禁制之恐怖，单独监禁制便随古典派犯罪学的第二个潮流而产生了。于是，古典派便仿效美国。意大利在19世纪上半叶采用了费城和哈里斯堡制度，进入了单独监禁制的鼎盛时期。我们要求夜间单独监禁，但我们反对不分昼夜的连续性单独监禁。为了安抚那些胆小鬼，帕斯奎尔·曼西尼
47 于1876年以古典派的名义(他是此派勇敢的战士)要求废止死刑
时，把单独监禁称之为“活的坟墓”。在临终时，他承认犯罪学的未来属于实证派。我们所反对的，也正是这种“活的坟墓”。将一个人活埋于一个四面有墙围着的狭窄牢房里，断绝其与社会的一切来往，并在刑期结束时告诉他：“既然你的肺已不习惯呼吸户外空气，既然你的腿已不再习惯走土路，那么你可以出去了。不过注意不要再犯，否则处刑将加重一倍。”这种做法怎么能说符合人类正义呢？

实际上，单独监禁制把人变成了愚钝的动物或狂暴的野兽。如果我讲的是真理，事实将会证明。因为犯罪行为在日益增长，诚实的人民没有保障，受到法律制裁的人不思改悔，且以多次重犯而
48 与社会更加对立。我在报告开始时便提到这样一个鲜明对比：一
方面犯罪学在理论方面非常完善，而另一方面犯罪情况却非常令人沮丧。我们因此便得出必然的结论：关于犯罪与刑罚的科学确有进行改革进步之必要。

第二章 实证派犯罪学的犯罪原因观 49

昨天，我们对实证派犯罪学的产生和发展做了一个简短的历史回顾。贝卡里亚于一个世纪前创立的古典派犯罪学和刑罚学，在我国盛行 20 多年之后，现在已让位于实证派犯罪学的科学运动。今天，我讲一下实证派犯罪学如何研究犯罪问题，明天再讨论实证派犯罪学对于犯罪疾患所主张的救治措施。

当某地发生一个犯罪案件时，或者由于犯罪行为残忍，或者由于对犯罪行为陌生（如非血腥的智力诈骗），引起了公众的注意。公共意识顿时出现两种倾向：一是问犯罪行为是如何发生的；为什么发生；行为人为什么会犯这样的罪行。每个人都问这个问题。这个问题几乎吸引了不从犯罪学观点看待这件案子的人的全部注 50
意。另一方面，从事刑法研究的人则代表了另一种不同的倾向，这种倾向在其获悉犯罪行为发生时即表现出来。但从职业法学家的观点来研究问题的在公共意识中所占的比例很小。律师、法官和警察都在自问：在这种情况下该人所犯的罪行应该定哪一种罪呢？是否必须定为谋杀、弑亲、预谋杀人或杀人未遂呢？如果系侵犯财产案，是定为盗窃、非法占有还是诈骗呢？此时，为全力集中在问题的技术层面，也就是对罪犯所从事的不人道和反社会行为进行法理学剖析，所有实际刑事司法机构立即忘记了在公共意识中占多数的第一个问题即引起犯罪的原因。

从这两种倾向中，我们可以看到两个犯罪学派的逼真形象。
51 把犯罪看成法律问题的古典派，集中注意犯罪的名称、定义及其法理学分析，把在一定背景下形成的罪犯人格抛在一边。只有在法律篇章中有明确规定的例外情况才会提及罪犯人格，如犯罪人是否为未成年人或聋哑人，是否为精神病患者，以及在犯罪时是否酗酒，等等。只有在法律具有严格规定的上述情况下，古典派犯罪学才在理论上探讨犯罪人的个性特征。然而，有90%的案件并不存在或不能证明存在上述情形，所以刑事司法只能从技术上界定事实。但是，当案件被起诉到刑事法院或摆在陪审团面前时，实践表明在辩护律师和以准确认定事实，确定案件是属于未遂还是属于预谋以及确定是否具备某些法律条文所规定的法律要件为职责的
52 法官之间，却很少有争议。法官最直接面临的问题是，查明犯罪者为什么，在什么情况下，为什么原因犯罪。这是最重要的也是最简单的人类问题。但这个问题迄今仍然留待或多或少能明白、或多或少有些天才的经验主义者去解释。不过，除实证派犯罪学外，迄今为止没有科学的标准，也没有对事实做有条理的搜集，还没有观察和结论。只有实证派犯罪学才试图解决每一犯罪的自然根源以及促使犯罪行为产生的原因和条件问题。

例如，意大利每年登记的故意杀人案大约有3000件。我们翻开古典犯罪学的所有著作，试问其作者对下述问题应如何解释：为什么意大利每年有3000人成为杀人罪的牺牲品呢？英国的人口与意大利差不多，为什么英国每年只有300件杀人案呢？为什么意大利每年发生3000件而不是300000件杀人案呢？

即使你翻遍古典派犯罪学著作，也找不到关于上述问题的任 53
何答案。从贝卡里亚到卡拉拉，没有一个人想过这个问题。而且，
由于其出发点所涉及的方法论的缘故，他们也不能提出此类问题。
实际上，古典派犯罪学家把犯罪现象视为一种已经完成的事实。
他们从职业法学家的角度进行分析，而不问犯罪是如何发生的，为
什么这些犯罪事实年复一年地或多或少地在各个国家重复发生。
他们的理论基础是自由意志论，因为自由意志排除了上述科学问
题的可能性。因为按照自由意志理论，犯罪是人的意志命令的产
物。如果承认这是事实，便没有进行犯罪原因研究的余地了。因
为罪犯要杀人，所以他就犯了杀人罪，这就是与此有关的全部内
容。一旦承认自由意志是事实，行为的发生取决于犯罪人的命令
即自愿选择，其他任何原因都是多余的。

但另一方面，如果实证派根据科学的生理心理学的研究成果，
否定人类意志是自由的，也不承认一个人犯了罪是因为他想要犯 54
罪，而宣称人之所以犯罪，完全是由于其处于某种特定的人格状态
和某种促使其必然犯罪的环境之中。那么，对犯罪起源问题进行
初步分析，刑法便步出了专门的法律科学的狭窄又枯燥的范畴，成
为真正名副其实的社会和人类的科学。若像古典派犯罪学那样，
顽固地坚持确定非法占有与盗窃、诈骗与其他财产犯罪之间的区
别等等的法律公式是徒劳的，这种方式不能为社会提供任何关于
人变成罪犯的原因和社会用以防卫犯罪的补救措施的说明。

的确，古典派犯罪学也有其医治犯罪疾患的方法——刑罚。55
但这是该学派所主张的唯一方法。文明世界中凡受其理论影响的
国家，在立法上除对犯罪进行镇压外，别无其他医治的方法。

但是，边沁讲过，由于刑罚不能防止犯罪行为的发生，每次处刑都被证明是无效的。因此，这种医治方法毫无价值。对犯罪原因的深入研究表明，人不犯某一罪行，是因为有完全不同的原因，而不是畏惧刑罚，这些强有力的基本原因并非立法者的威吓所具备的。然而，如果警察和监狱管理人员进行上述威吓，则与上述情形不同。意图犯罪，受激情支配或是受动摇其道德观念的心理飓风所左右的人，绝不是刑罚威吓所能控制得了的，因为火山爆发般的激情不允许他做出反应。在行为人经过预谋和准备之后而犯罪
56 的案件中，刑罚更无力阻止他去实施犯罪，因为他希望犯罪之后能够逃脱惩罚。所有的罪犯都异口同声地说，在其预谋犯罪时，只有一件事在推动他，那就是希望在犯罪之后安然地逍遥法外。如果他们稍微考虑到有可能被发觉、被处罚，也不会犯罪，只有一时感情冲动者除外。如果诸位想获得一个具有说服力的例子，证明法律威吓在罪犯心理上的无效，那就是伪造货币罪。因为在文明国家里，（出于需要或为了方便）纸币变成金属货币的代用品。到19 世纪，伪造纸币已经司空见惯。犯这种罪的伪造者，必须聚精会神地逐字模仿纸币上的文字，其中包含有威吓性的一段话："法
57 律处罚伪造……"等。诸位可以想象伪造者在版上刻下这句话时的心理。别人可以忽视其将受到的惩罚，而他自己却不能。这一例子极富有说服力，因为在其他犯罪场合，人们可以假设，即使行为人并非处于极度冲动之中，也不会考虑到行为的后果。但在伪造货币的场所，犯罪事实本身就提醒他面临法律的威胁，而他在犯此罪时却很冷静。

犯罪有其自然原因，它处于罪犯的自由意志的数学点之外。

除去法律现象(其本身值得研究)以外,每一犯罪行为首先是一种自然的和社会的现象,研究犯罪应当从此入手。我们仅仅为了确定法律定义的界限,则无须进行如此艰苦的研究。例如,自从罗麦诺西区分了未完成的犯罪与犯罪未遂的时候起,人们用了大量的笔墨试图找出两种不同程度的犯罪行为中的不同要素。最后,德 58
国立法者在1871年的刑法典中以对未完成的犯罪和犯罪未遂不做任何区别而只承认既遂时,我们看到卡拉拉又公开对德国刑法典中避免了这种不可捉摸的区别而大加赞赏。就科学界来说,经过一个世纪的为探究未完成的犯罪与犯罪未遂的区别而绞尽脑汁之后,得出了一个不可思议的结论,对立法者不理睬其研究成果大加赞赏。另一个古典派学者保沙拉第提议取消未遂犯的说法,而按照犯罪本身下简明的定义,或者就用违警罪来代替,得出这一结论的科学是玄妙而抽象的科学。我们可以看出,古典派的所有这些玄学问题,在保护社会免受犯罪侵害的需要面前,完全丧失了实际价值。

我们所采用的方法则不同:在从法律现象的角度对犯罪进行研究之前,必须首先研究各国重复出现的犯罪的原因。这都是一些自然的原因,我曾经把它们分为人类学的、自然的和社会的原因 59
三类。无论哪种犯罪,从最轻微的到最残忍的,都不外乎是犯罪者的生理状态,其所处的自然条件和其出生、生活或工作于其中的社会环境三种因素相互作用的结果。如果在一开始就将这三种原因分开,那是徒劳的。但现在仍然有人坚持犯罪可以由某一方面的原因如社会原因所致。就我个人而言,我在实证派犯罪学创立之时就反对这种观点,今天仍然反对。当然,很容易设想犯罪完全是

由行为人所处的不良社会环境所致。但是，客观而系统的观察已
60 经表明，尽管社会环境的影响存在于多数案件，尤其是一些轻微案
件之中，这是铁的事实。但是，仅此一种原因，尚不足以解释为犯
罪的起因，不能仅用社会环境影响进行解释的犯罪比比皆是。如
果你认为贫穷的一般状况是犯罪的唯一根源，那么就很难解释，为
什么在贫困中生活的人，从出生一直到死，只有10%～20%的人
成了罪犯，而其余80%的人或是陷于体质衰弱，或是成为无害的
精神病患者，或是自杀而不犯任何罪行。如果贫穷是决定犯罪的
唯一原因，贫穷者则应该100%地成为罪犯。如果仅有20%的人
犯罪，10%的人自杀，10%的人成为精神病患者，剩下60%的人仍
然在其所处的社会环境中安分守己，那么单单贫穷尚不足以解释
犯罪，我们必须再加上人类学及自然方面的因素。只有用这三种
自然因素的影响，才能解释犯罪行为。当然，人类学、自然及社会
61 三方面因素的影响大小，在每一个案件中各不相同。单单在盗窃
案件中，社会因素的影响远比人类学因素的影响要大。但在谋杀
案件中，人类学因素的影响则比社会因素的影响要大得多。在所
有案件中，我们都必须根据犯罪人的情况进行判断。

人类学因素

对此，正是切萨雷·龙勃罗梭的天才建立了一门新学科，因为他在探究犯罪原因时，对犯罪人的体质状况进行了研究。这种体质状况不仅包含生理的及解剖学的状况，也包括心理结构即犯罪人之生理及心理方面的个性特征。我们每个人在出生时都受到一定生理及心理方面的遗传，并在生活中具体表现出来。这就构成了人类活动的个性因素，或在一生中保持正常状态，或趋向于犯罪

或精神失常。那么人类学因素并不是像一般人讲的那样，仅限于
研究犯罪人的颅骨或骨骼形状而已。至于龙勃罗梭不得不从研究 62
犯罪人的解剖状况开始，是因为在博物馆中研究颅骨最为容易。
但他也继续研究人的大脑、其他生理状况、感受状况及身体的物质
循环状况。这一系列的研究只不过是研究犯罪心理学之必备的科
学基础。而犯罪心理学确实是一个有着即时和直接重要性的问
题。律师和检察官在对任何犯罪开展法律方面的讨论之前，必须
解决的正是这个问题，因为它可以表明促使行为人实施某一犯罪
行为的原因。心理学的调查虽已被引进古典刑法学的范围之内，
但迄今尚无这种调查方法的标准。然而，正是由于这个原因，每当
要求法律把犯罪人当作活的、有感情的人进行处理时，实证派犯罪
学的研究结果便得以进入法学院的课堂。即使未提及实证派犯罪
学的名称，也都承认实证派犯罪学研究所提供的材料，如对犯罪人
的情感、道德观、犯罪行为发生前后及当时的表现和其懊悔心理的
分析。对于后者，人们只是根据自己的感情去推测，其实在犯罪人 63
方面很少存在。人类学因素是一种病理学上的状态，即刑法第 46
条和第 47 条所提及的犯罪人的人格。不过，除精神病之外，罪犯
人格方面尚有数十种其他生理和心理学的状态，法官可以用减轻
情节来囊括，但科学则极希望对此做彻底的调查研究。由于这些
研究迄今尚未进行，因此减轻情节的概念是与正义相悖的。

这种人类学因素，也包括我们每个人都具有的种族特性。今
天，社会学中就种族对民族及个人的影响大加论述，而且有些学派
片面地宣称，单靠种族影响便能解决其认为绝顶重要的历史和社 64
会问题。但是，尽管有人坚持人类历史只不过是种族特性独有的

产物，也有人坚持只有民族及个人的社会状况才是决定性的因素，但是，这两种观点都不全面。根据对集体社会和个人研究的结果可知，社会及个人生活常常是人类学、地理及社会因素综合作用的产物。因此，尽管种族影响不足以解释为民族及个人犯罪的唯一因素，但在研究民族及个人特性时仍不能忽视。例如：研究意大利的杀人罪，尽管很难从促使犯罪产生的其他情况及状态中单独抽出一种因素来，但确有许多受种族影响而杀人的案件。如果忽视
65 种族因素对犯罪的影响，就如同否认日光的存在一样。

在意大利，有两种几乎完全相反的犯罪趋势。由于热血和肌肉导致的犯罪的强度由北向南逐渐增大，而财产犯罪则由南向北逐渐增加。在意大利北部，由于动产比较发达，盗窃罪则较南部多；由于民众不太贫穷，堕落者甚少，暴力犯罪则较南部少。在南部，财产犯罪并不太多，而暴力犯罪则司空见惯。另外，在南部也有一些暴力犯罪为数较少的地方，这除了用种族特性的影响，别无其他任何方式进行解释。各位如果观察一下意大利杀人犯罪的分布图，就可以看出杀人犯罪的强度，由最低的伦巴第、皮埃蒙特及威尼斯向南逐渐增加，至最南部群岛达到高峰。当然，在杀人犯罪
66 出现较少的地区，你也会看到这类案件。

例如，在贝内文托省，虽然其周围各省的杀人罪发生得很多，但该省发生得很少。那不勒斯省这类案件也较周围的其他各省少，但非预谋杀人罪却很多。墨西拿、卡塔尼亚和锡拉库萨省的暴力犯罪，比起特拉帕尼、基尔干特和巴勒莫各省来，数量特别少。有人主张这种犯罪情况的差异是由于社会条件造成的，因为东部西西里的农业状况虽然略低于基尔干特和特拉帕尼，但后面两处

的硫矿却迫使矿工们生活得很悲惨。不过，我们可以对这种观念进行反问：有些省的农业状况为什么和在哪些方面比其他省要好呢？这种状况本身仅为一个结果，而不是第一位的原因。

因为历史唯物主义（我喜欢称之为经济决定论）表明，政治、道德和文化现象都是一定时间和地点的经济状况的反映，所以有人 67
试图狭义地解释这一学说，称历史唯物主义主张，一个国家的经济状况是最主要的原因，不受其他任何原因影响。我认为马克思主义和达尔文主义完全一致。我说过，一个国家的经济状况决定其政治、道德和文化状况，但反过来说，经济状况又是其他因素综合作用的结果。例如，我们怎样解释 19 世纪英国的工业制度呢？若没有煤矿（即自然环境），则不可能有英国那样的经济状况。因为经济状况是一个民族的智力与能力作用于有利或不利地理环境的结果。卡塔尼亚、墨西拿、锡拉库萨等地，由于地理条件较好，具有不同的种族（属希腊血统），经济状况比其他西西里各省都好。因此，在有相当数量希腊血统混血儿的阿普利亚和那不勒斯的情况 68
也同样如此。我们的艺术仍然吸引着北部的旅游者，他们不断到陶尔麦那或佩斯图来参观希腊种族的文化遗址。由于希腊血统在这些省中占多数，所以暴力案件较少。我认为贝内文托省暴力案件较少的原因在于伦巴第血统的混杂状况，因为自 17 世纪以来贝内文托公国一直有伦巴第人流入。既然我们知道日耳曼与盎格鲁-撒克逊种族犯暴力罪的最少，而在贝内文托省，这种种族特性的重要影响即足以解释其暴力犯罪率较低的原因。此外，在西部和南部西西里各省境内具有大量撒拉逊人血统，这也可以解释成此地暴力犯罪发案率高的原因。很明显的是，在该地居民的生理

特征中，与诺尔曼人温和冷静的特征相比，你仍然可以看到白肤金发黑眼的撒拉逊人的残忍与野蛮。这些特征包含了多种族血统的
69 色彩。但是，无论一个民族在任何地方崛起过，其影响必然会在该地的个人与集体生活中体现出来。这是事实。

自然因素

关于犯罪的人类学因素的讨论就到此为止。接下来我们讨论犯罪的自然因素，即我们生活于其中，但并未予以注意的自然环境。卢梭说过，对于我们日常接触的事物，要用哲学的观点进行解释，因为某一事物的习惯影响使我们更难意识到这一点。自然条件对人类道德的直接影响也是如此，尽管精神至上论的偏见仍然在影响着我们的日常生活。例如，超自然主义和唯心主义的观点主张，一个人不快乐是由于他心术不正，这等于在宣扬一种片面的主张。恰如其分地说，应当是因为他不快乐，所以才变得心术不正。贫穷是人体及灵魂的最剧烈的毒药，是一切不人道和反社会情感产生的根源。哪里有贫穷，哪里就不可能有爱和友情。如偏
70 远而干旱的农村的农民、低级职员、工人和小店员，若工作有了保证，生活较为安定，虽然并不富裕，但距贫穷和赤贫尚远，心中自然能够产生许多良好的情感，家庭环境良好，双亲和睦，子女们也情同手足。当一个工人（人类的雕像）从烟雾弥漫的工厂回到家里，与艰苦奋斗了半个世纪的白发老母会面时，虽然感到疲劳，但每日的三餐有了着落，心中尚有表示感情的余地，便殷勤地邀其老母共进晚餐。但是，同样一个工人处于同样的环境之下，如果被贫穷和失业困扰，其家庭道德气氛的变化将如同昼夜一样分明。工人失业，空手回到家中，妻子不知如何哺育子女，便因家庭生活困苦抱

怨丈夫。丈夫多次被拒之于就业事务所门外，深感不能就业，昔日在家庭中的尊严也难保全。因此，全家感情松懈，家庭成员不睦。71
其母见儿子举止暴躁，缺乏情爱，便对其进行斥责，并深感儿子为贫穷所毒害，或许正像魔鬼一样看着她，心里在说：“在家中多一张嘴吃饭，还不如墓地上多一个坟头呢！”

诚然，单单贫穷不足以在贫苦家庭中为实际犯罪之根提供土壤，并进一步发展它。不过，贫穷会破坏家庭成员之间的爱和相互尊敬，但这还不足以使那个工人亲手杀死其老母，除非其心理已经进入非常罕见的病理状态。而实证派犯罪学对此的结论同对其他案件的结论一样，犯罪行为的生成必须是人类学、社会及自然因素三者综合作用的结果。72

超自然主义的偏见认为，为了使我们升入一种超俗的精神生活状态，我们必须忘记自己是一种兽类。因此，我们往往都疏忽自己所处自然环境的条件。曼佐尼可以用“肮脏”一词来称谓中世纪，是因为中世纪的人们忽视了最基本的卫生和人类道德的要求。在忽视和违反了人类身体需要的地方，连花朵都不能开放。自然环境通过神经系统对我们的身体运动有很大影响。刮北风与刮南风会使我们感觉到身体状况不同。加里波第在潘帕斯大草原时曾注意到，当潘帕斯冷风吹来时，同伴们就变得暴躁、容易争吵；潘帕斯冷风停止时，他们的行为就改变了。犯罪统计学的伟大创始人奎特里特和奎里发现，犯罪行为随季节的变化而变化。冬天发生的性犯罪要比春天和夏天少。对此，我以前这么认为，今天还这么认为，冬天的财产犯罪增加，是气候和社会因素综合作用的结果。73
因为失业，缺乏食物及住所加剧了人们的困苦状况，便导致其去侵犯他人的财产。但是,寒冷的冬天本身就减少性犯罪和暴力犯罪。有人主张人们在夏季交际频繁也有一定的社会影响,有一定的道理。

对此,默罗提出了最雄辩的事实结论。他指出,暴力犯罪在温暖的月份比在冬日里增加的变化规律也适用于囚犯。统计资料表明,犯人违反纪律事件在炎热的季节发生得最多。由于监狱的社会生活四季相同,社会因素并不对其产生影响,因此可以说,这是一个气候影响犯罪的实际例证。此外,夏季精神病患者中精神病及癫痫症的发病率比冬季高的事实也证明了这一点。所以,我们不能否认自然因素的影响,而社会因素可以进一步加强其影响,我
74 在前面讲述那个最令人信服并且有代表性的贫穷的例子时,已经对此进行了解释。因此,一个人由于不断加剧的贫穷而动摇其道德信念并有可能去犯侵犯财产或侵犯人身罪,是可以理解的。

很明显,经济上的贫穷对于犯罪显然具有不可否认的影响。分析一下意大利每年判处的30万名罪犯,其中18万人犯的是轻微罪行、12万人犯的是严重罪行。你很容易就能看出他们之中大部分人主要是由于社会环境造成的,而为这种社会环境觅一补救措施应当并不困难。就自然和人类学因素而言,立法者的工作可能缓慢、艰难,不能达到完善的地步;但就影响犯罪的社会因素而言,立法者的工作可以是迅速的、及时的和有效的。

社会因素

现在,我们已经证明,犯罪的自然根源就在于三类原因即人类学因素(生理及心理因素)、自然因素和社会因素的相互作用和结
75 合。最后一种因素不单指贫穷而言,而且包括政治、道德及文化生

活中的不安定因素等所有其他条件。任何足以使人类社会生活不诚实、不完满的社会条件，都是引起犯罪的社会因素。我们的文明中显然存在着引起犯罪的经济因素，自由竞争规律实际上是一种变相的同类相食，其法则即“你死我活”。在有限的职业中，工人的竞争就等于有些人就业是建立在他人失业的基础上的，这是一种变相的人吃人的形式。竞争者虽不像原始人那样相互蚕食，却通过诽谤、推荐、保护、金钱等手段搞垮对方，以保证最善交易者的地位，而使最诚实、最有才能及最具有自尊心的人沦于饥饿的痛苦之中。

此外，在财富增长的情形下，经济因素也发挥滋生犯罪的作
用。确实，今天的社会是由 19 世纪的人类黄金时代——资产阶级 76
文明阶段过渡而来的下降阶段，财富本身就是犯罪的一个原因。因为富者不从事体力和脑力劳动，便会陷于闲荡和腐化的漩涡之中。他们沉溺于赌博、金钱之争，日常生活已受到毒害。尽管这些富人可以逃避刑罚，但他们却使自己陷于缺乏道德情操的伪善生活之中。这种生活导致嬉戏式犯罪的产生。在赌博中进行欺诈，是这些寄生虫命中注定的。为了消磨时间，他们或置身于靠运气取胜的赌场，或进行通奸活动。由于精神空虚，即使在良友之间亦行此道。英国一位诗人曾经讲过，人的头脑过于空虚，就铸造罪恶。

我们已经简述了犯罪的起源。它是由人类学因素、自然因素和社会因素综合作用而成的一种自然的社会现象。上述诸种因
素，在决定性的时刻直接决定着站在罪恶与善良、犯罪与诚实十字 77
路口之间的人的人格。这一科学的推论导致了一系列的调查研

究。研究的结果令人满意，使我们真正理解了事物，远远胜过“人之所以成为罪犯，是因为他要成为罪犯”的理论。人之所以成为罪犯，并不是因为他要犯罪，而是由于他处于一定的自然和社会条件之下，罪恶的种子得以在这种条件下发芽、生长。因此，我们知道人类的不幸产生于上述因素的相互作用。一个变态人是一个不能适应其出生于其中的社会环境的人。所以，对更多的人来讲，迁徙将成为永久现象。他们的出生对其未来人生旅程的决定作用将越来越小。变态人缺乏适应社会生活的能力，生理上呈现出退化特征，发展成被动型或主动型变态人，最后成为罪犯。

78 在变态人中，有两类需要加以特别区分。我们的研究应该限定针对那些真正主动地反社会的变态人，即那些不适应某种社会秩序而用犯罪方式进行破坏的分子；我们必须把上述犯罪同那些因利己的或残忍的原因，用诈骗及暴力之类的普通犯罪作为生存竞争的退化形式来攻击社会，借以达到反对或废除供其同胞作为生存条件的犯罪区别开来。这种罪犯即退化型罪犯。他们代表因发展受挫折或退化复归成野蛮或原始状态而成为非自愿的或退化的变态型人。罪犯多数属于这一类型，必须将其与其他少数进化的变态型罪犯区别开来。后者也会以暴力形式犯罪，但绝不要把他们和其他罪犯混淆起来，因为他们的行为不是出于利己动机，而是出于利他动机，反对的是现代社会秩序的不公平。这些基于利他动机的罪犯，感受到周围的不公平造成的痛苦和恐怖，极端厌恶
79 这种不公平，以至于可以去犯谋杀罪。尽管杀人都要受到惩罚，但这种杀人与退化型或利己型杀人不同。按照高级人类状态的观点，人的生命始终应当受到尊敬，任何诉诸个人暴力的行为都将永

远受到谴责。但是，这类罪犯进行犯罪的原因是不同于其他类罪犯的，因为行为人一方面是利己的，而另一方面又是利他的。进化型变态者，常常成为人类进步的工具。但必须不是以普通的犯罪形式，而是以在道德和文化上反对法律所认可的社会秩序的形式。法律对进化型变态者的处罚要比其他退化型变态者重，如俄国，对普通犯罪已废除死刑，但对政治犯仍然适用。我们正处在一个新旧交替的过渡时期，在这一紧要关头，当代人的道德意识非常不稳定。统治阶级已失去敏锐的目光，因此欲为过去的政治谋杀犯树碑立传，以宣扬自己的胜利，但却像对待其他普通罪犯一样，判处那些一心致力于革命理想的人，把新人类理想的先驱者投入监牢，80
就像俄国把叛逆者托尔斯泰逐出教会一样。我特意提到列夫·托尔斯泰，目的是要确切地证明我对于这个问题的异端思想。除自卫之外，我们反对任何形式的人身暴力。我们都不赞成任何形式的人身伤害，无论动机如何。因此，对于政治谋杀，尽管动机是利他的，我们也不能宥恕和加以赞赏。我们可以要求立法者对利己和利他这两种杀人的心理原因进行区分，但我们对于二者都持谴责态度，因为它们都是非人道的暴力犯罪形式。思想决不能凭借武力取得胜利，思想必须与思想开展争论。只有靠思想宣传，我们才能开辟人类的未来。暴力常常成为妨碍传播真诚而富有成效的思想的工具。这并非仅仅只是对下层阶级中的变态者而言，我们也要以庄严的科学态度提及社会上层的各个阶级，他们总是惯用 81
暴力去镇压因行为人相信会有较好前途而反抗社会上种种不公平的行为。

我们实证派犯罪学的观念是：在那些不幸而孤独的罪犯中间，

要成功地区分出其品性特征。而古典派犯罪学却认为，除了未成年人、聋哑人、醉酒者以及精神病人案件外，每个罪犯都是一个抽象的、正常的人。

实际上，古典派犯罪学认为，所有的盗窃者都是“盗窃犯”，所有的谋杀者都是“谋杀犯”。在立法者的心目中不存在任何具体的人，只有在法官面前才重现这种具体的人。在学者及立法者面前，罪犯只是一种法官可以在其背上贴上一个刑法条文的活标本。除了刑法典所提及的例外的和少有的人类心理状况的情况之外，其他所有案件仅作为供法官从刑法典中选择一个适用于犯罪模型人之条文的理由。如果在其背上贴的不是第407条而是第404条，
82 上诉法院则反对再进行任何数目上的更改。如果这个模型人活了，说道：“对我适用哪一条文，对你来说可能十分重要，但如果你仔细研究一下各种迫使我夺取他人财物的情形，你就会意识到这种重要性是图解式的。”法官会回答说：“将来的司法或许这样，但现在的司法并非如此。你触犯的是第404条，便依法在你背上贴上这一号码。在你离开法庭进入监狱时，将被换成1525号或其他数字，因为你的人格在代表社会正义的法律面前完全消失了。”接着，便假装应当将人格被不合理地抹杀的这个人留在监狱里接受对各种退化的治疗。如果他再回到令其多难的旧路上去，又犯一新罪，法官则简单地将另一个条文贴在原有的罪名上，如把规定累犯的第80条或第81条加到第404条规定的罪名上。

古典派犯罪学用这种方式推导其称之为伟大进步的刑罚单
83 位。中世纪时，刑罚差异很大。但到19世纪，古典派犯罪学极力反对羞辱刑、肉刑、财产刑、职业刑及死刑，主张监禁是唯一的刑

罚，也是救治犯罪及犯罪人的唯一良药。

即使在今天，仍然存在着禁止性措施与罚金，但整套刑罚武器大体上已变为监禁，因为罚金同样可以折抵为数日或数月的监禁。古典派犯罪学主张的理想刑罚方式是单独拘禁。但经验表明，这种方式对于医治犯罪疾患的效果与下述医生的处方相同。医生坐在医院门前，告诉每个病人："无论什么病，我只给你开一种药——大黄——进行治疗。你有心脏病吗？没关系，问题只是我给你开多少大黄去服而已。"

量刑是刑法典的基础。其实整个刑法典在其最后的分析中仅
是一个计算刑罚的对数表而已。一个法官在审判一个在犯罪时处 84
于醉酒状态且有预谋的 19 岁的犯人时，如果判决出现错误，是很可悲的！法官依照法律规定的减轻和加重情节而误加或误减 1/3、1/6 或 1/2，也是很可悲的！如果由于误算，被告人上诉到上诉法院，无情的上诉法院将告诉误算的法官："请重新再算一遍，你上次算得有失公正。"对于该法官来说，唯一的问题就是：加上你的总数，减去你要扣除的部分，判处罪犯 1 年 7 个月 13 天的监禁，一天也不能增减！于是，人道的观察者要问："如果罪犯到刑期结束时尚未改造好，还继续把他留在监狱里吗？"法官回答道："那我不管，按判决只能将罪犯监禁 1 年 7 个月 13 天。"

上述观察者又问："但如果该罪犯在刑期结束时仍不能适应社
会生活呢？"法官回答如下："监禁期满即可以出狱，因为服完最后 85
一天刑，他的债务就已经偿还清了。"

这与上面设想的医生的情况一样。医生说："你有心脏病吗？吃 1 夸脱大黄，住院 12 天。"另一个病人说："我伤了腿。"医生又

说:“吃1夸脱大黄,住院17天。”第三个病人患了肺炎,医生的处方是吃3夸脱大黄并住院3个月。病人问:“如果我的肺炎提前好了呢?”医生答道:“无论如何必须住院3个月。”“但是,如果3个月之后我的肺炎好不了呢?”医生说:“无论如何你也必须出院。”

否认一切基本常识的刑事司法制度,竟使聪明人得出这种结论。他们忘记了罪犯的人格,而仅把犯罪作为抽象的法律现象进行处理。这与旧医学不顾病人的人格,仅把疾病作为抽象的病理
86 现象进行治疗一样。古代的医生并不考虑病人的营养状况好坏、年纪大小、身体强弱以及神经状况如何。他们把发烧当作发烧治,把胸膜炎当作胸膜炎治。但现代医学宣称,研究病症必须从研究病人入手。同样的疾病,如果病人的情况不同,可以用不同的方法进行治疗。

刑事司法经历了与医学相同的历史发展过程。古典派犯罪学仍然处在19世纪中叶以前医学所处的时代。它只论及盗窃、谋杀、诈骗等,而需要社会给予很大关注的问题,却被疏漏了。因为古典派犯罪学忘记了研究谋杀者、盗窃犯及伪造者本人,所以对这些罪犯所犯罪行的研究也不为人理解。

犯罪行为是研究犯罪人所需要的条件之一。但同样的犯罪,
87 从人类学和社会学方面来说,由于犯罪的原因不同,对各种人格的罪犯就需要采取不同的治疗方案。由于人类学因素而导致犯罪与由于环境而导致犯罪的行为人根本不同,我曾经把它们分为5类,今天已为犯罪学家和社会学家一致接受。以前国外学者认为意大利犯罪学界把天生犯罪人仅视为某种生理变态,日内瓦会议已经提供了将这一误解解释清楚的机会。

现在，我将5类犯罪人作一概述。

天生犯罪人即我所称之为犯罪型精神病（科学尚未解决这一问题）的牺牲品。这种精神病与癫痫病非常相似，但其本身不足以使患者成为罪犯。我们的反对派持这样一种观念，只要生来歪鼻或颅骨不正者，就带有在出生时注定要杀人或盗窃的标记。然而，说一个人是天生犯罪人，是指他具有某种天生的退化现象，使其倾向于犯罪。如果他有幸生活在一个没有任何促使其犯罪的诱因的良好环境中，他可能活到80岁也不犯罪。不是有许多倾向于精神 88
病而事实上未成为精神病人的人吗？如果同样一个人，生活在恶劣的环境之中，未受过任何教育，又居住于不健康的自然环境如矿山、田野或潮湿的沼泽之中，那么他就会成为精神病患者。但如果其生活环境并不足以使其患精神病，无需为日常生活而抗争，生活富裕，他可能表现得古怪一些，但不至于跨入精神病院的大门。犯罪的情形也是如此。一个人或许有天生的犯罪倾向，但他如果处在良好的环境之中，就有可能到死也不违反任何刑法条文及道德信条。无论如何我们必须消除只有法官在其背上贴上号码者才是罪犯的偏见。因为犯了罪而未受惩罚或者严重违反道德规范但仅触及刑法边缘而未违反刑法的恶棍，在这个世界上比比皆是。 89

日内瓦会议期间，我们才得以解释清楚这一误解，说明天生犯罪人也有待于社会及自然环境的相互作用。现在，我们可以想当然地认为，我对犯罪人的5类分法已为人人接受。这5类犯罪人如下：(1)天生犯罪人，即天生具有某种犯罪倾向的人；(2)精神病犯罪人，即患有某种精神病的临床形态，甚至连我们的现行刑法也予以承认的人；(3)习惯性罪犯，即主要由于社会对犯罪的预防和

镇压措施无效而染上犯罪习惯的人。街头流浪儿是现代工业中心
所具有的普遍现象。为了维持家庭生活,他们不得不自幼沿街乞
讨,整天在街头的污秽环境之中生活,无从得到培养良好道德观念
的机会。他们在初次犯罪之后受到法律惩罚,被投进监狱或教养
90 院,在其中难免更加堕落。出狱之后,身上带有盗贼或伪造犯的污
名,常为警察所注意。他们即使有幸在某一商店谋得一项职业,也
会有人间接奉劝店主解雇他们,他们便不可避免地又回到犯罪道
路上去。因此,一个人在社会预防和镇压犯罪的措施无效的情况
下,便会获得其腐败产品——犯罪习惯。(4)机会犯,指一个人犯
了一种轻罪,与其说他是被退化人格的进攻性所驱使,倒不如说是
被其生活环境导入歧途。这种罪犯如不因监狱生活变得更加败
坏,则有可能重新回到正常的社会生活中去。(5)激情犯,这类犯
人像精神病犯罪人一样受到实证派犯罪学的重视。然而,通过实
验方法在监狱或精神病院以及自由社会中所进行的研究,还不能
对其做出任何确切的结论。过去曾经有人在某一个方面研究过激
情与犯罪之间的关系,但未能解决这一问题。古典派犯罪学认为,
91 这种犯罪依激情强度的大小而定,于是得出结论如下:责任,随着
激情程度的提高而降低。反之亦然。这种方法还是不能解决问
题。激情达到最高程度而并未减低行为人的责任的现象是很常见
的。例如,一个出于复仇动机而杀人的人,能说是一个应当宽大的
激情犯吗?

古典派犯罪学回答:“不能。”我也认为不能。弗朗西丝科·卡拉拉说过:“人有盲目的激情,也有理智的激情。盲目的激情可以剥夺一个人的自由意志,而理智的激情则不能。盲目的、可原谅的

激情是恐惧、荣誉和受理智控制的;不可原谅的激情是怨恨与复仇。"但为什么这样呢? 我曾经研究过一部分出于复仇动机而杀人的罪犯。他们告诉我说,复仇的愿望像发烧一样占据了全部思想,以至于可能"忘了吃饭"。憎恨与复仇能使人达到盲目热情的程度。因此,我们不应仅从强度和数量方面考虑激情,而必须从激情的性质方面进行考虑。我们必须区别社会激情和反社会激情,前 92
者有利于人类及人类集体的生活状态,后者不利于人类集体的发展。第一种情况有爱、受到损害的自尊心等,通常有利于社会。这种情况下的失常,按照案件情况,或多或少都有宽大的余地。另一方面,也有不可原谅的激情,因为他们的心理倾向是反对社会发展的。他们是反社会的,是不能宽宥的,憎恨和复仇即属此类。因此,实证派犯罪学认为,一个人的道德观念正常,过去的历史清白,其犯罪行为系由于某种社会激情引起时,这种激情是可以宽恕的。

明天,我将讲述实证派犯罪学对每一种犯罪所提出的救治措施,这些措施与古典派犯罪学所主张的对犯罪人进行处刑的措施完全不同。

到此为止,我已经简要概述了犯罪行为的自然起源。总之,犯
罪是由人类学因素、自然因素和社会因素相互作用而成的一种社 93
会现象。这一规律导致了我所讲过的犯罪饱和论,即每一个社会都有其应有的犯罪,这些犯罪的产生是由于自然及社会条件引起的,其质和量是与每一个社会集体的发展相适应的。

因此,艾米特莉特的古老格言是可以坚信的:"犯罪也有年终平衡,其增多与减少比国民经济的收支还带有规律性。"但是,我们实证主义者并不对此进行任何宿命论的解释,因为我们已经证明,

尽管我们依据仅有的方案所进行的减少和消灭犯罪的工作开始是徒劳无益的,但犯罪也绝不是我们不可改变的命运。事实上,犯罪的差额是由物质条件和社会条件决定的。通过改变最易改变的社会环境,立法者可以改变自然环境及人的生理和心理状况的影响,
94 控制很大一部分犯罪,并减少相当一部分犯罪。我们深信,一个真正文明的立法者,可以不过多地依赖刑法典,而通过社会生活和立法中潜在的救治措施来减少犯罪的祸患。最先进的国家依靠在有效的社会改良基础上的刑事立法的有益的、预防性的影响来减少犯罪的经验,都肯定了这一点。

现在,我们可以做出如下科学的结论:在未来社会中,随着社会正义深入而广泛地发展,刑事司法的必要性将相应降低。

第三章　实证派犯罪学的犯罪对策论 95

在前两讲中，我对关于令人痛心的、危险的犯罪现象的科学思想中出现的新思潮已经作了简单的叙述。现在，我们必须按照实验科学的方法，在理论和实践上为消除腐败的犯罪疾患做出一个合理的结论。在实证研究方法的影响下，“为科学而科学”的公式已经被“为生活而科学”的公式所代替。如果掌握的知识尚不能作为一种反作用力而促成一个实际改善人类命运的浪潮，那么这种知识则对隐居于哲学王国中的人类思想毫无意义。

那么，现在的文明世界提供了什么医治犯罪疾患的措施了呢？我在前面已经讲过，古典派犯罪学不能在科学的使命与历史的进
程中找到犯罪的自然原因，不能以综合的和深谋远虑的方式，来解 96
决医治犯罪的问题。有些古典派犯罪学家，如边沁、罗麦诺西及埃莱罗等，由于比他人具有更多的实证思想倾向，能够就分析预防犯罪问题进行一些科学的活动。但埃莱罗本人不得不承认：“古典派犯罪学家写了数卷关于死刑和酷刑的书，但有关预防犯罪方面的著述仅仅几页而已。”古典派犯罪学的历史使命在于减轻刑罚。因为其诞生在代表个人主义和自然权利的法国大革命前夕，古典派是对中世纪野蛮刑罚进行的抗议。因此，古典派犯罪学实际的辉煌业绩在于宣传了废除中世纪最野蛮的刑罚，如死刑、严刑拷打和

肢体刑等酷刑。现在，我们将接过古典派犯罪学的现实的和科学
97 的使命，担负起一种更为高尚而又富有成效的任务——在减轻刑
罚的同时减少犯罪。犯罪的恶苗在生活的土壤中生成之后，减轻
刑罚痛苦的工作固然可贵，但减少犯罪数量比减轻刑罚痛苦的工
作对于人类的价值更大。例如：在日内瓦会议讨论了红十字会对
于战争伤员的看护和治疗问题之后，各国都出现了慈善事业。虽
然这项工作高尚可赞，但如能防止战争发生则比治疗负伤致残更
为高尚可嘉。如果把红十字会工作时表现出来的同样热情和毅力
用于实现国际友好，那么人类便可以在艰难困惑的道路上取得更
加可观的成就。

反对中世纪的酷刑是一个高尚的使命，但预防犯罪更为高尚。
古典派犯罪学注意的仅仅是刑罚，注意在犯罪发生之后借助于精
98 神和物质方面的各种恐怖后果来确定镇压措施。因为在古典派犯
罪学中，抵御犯罪的措施没有改善人类生活的目的。但是，所谓弥
补正义和以法律判决的形式对道德过失进行相应的惩罚，只不过
是一个臆想的使命。尽管在旧法与新法当中已有一种折衷的妥
协，但这种思想在刑事立法中仍然占据统治地位。古典派犯罪学
用折衷主义的理论取代正义的绝对论观念，认为绝对正义拥有惩
罚权，但这一权利会为现实社会文明生活的利益所修改，这是曼西
尼和马米安尼 1847 年在意大利的著名论战中讨论的观点。实际
上，这就是古典派犯罪学家修改公众认为不足以保护社会避免犯
罪侵害的刑法典所遵循的理论。我们只要观察我们周围的现实生
活，便会发现刑法典远非医治犯罪的方法；也会发现由于犯罪人的
预谋或情感已经不为刑法的禁止性规定所约束，刑法典已对救治

犯罪没有任何作用。因为每个正常的人都会感觉到，如果他第二 99
天犯一个盗窃、强奸或谋杀罪，等待他的将是监禁，所以公众心理仍然过分相信刑法的效力。他感觉到社会意识的束缚，刑法典增强了社会意识的约束力，阻止其进行犯罪。但只要自然环境和社会环境不促使其向犯罪方向发展，即使没有刑法典，他也不会去犯罪。刑法典的作用，仅仅在于把那些不重视它的人与社会暂时隔离开来。这种惩罚可以在短期内防止罪犯再犯新罪。显然，除非已有犯罪行为，否则刑罚是不可能施加于他的。它是一种针对犯罪结果而采取的措施，没有触及犯罪的原因和根源。

我们可以说，在社会生活中，刑罚与犯罪的关系和医药与疾病
的关系一样。在有机体生病以后，我们求助于医生。但是，医生除 100
了对某个病人的治疗取得效果以外，不能做其他的事。然而，如果个人和集体都遵守预防性卫生规则，则有90%以上的疾病可以避免，只有在创伤或生理状态不符合健康规则的特殊情况下才会出现疾病。由于人类自身没有充分发挥各种智力而缺乏远见，必然要责怪这一事实：即人类选择使用的是事后补救措施，而不是遵守其健康规则；遵守健康规则要求有多种控制自己行为的方式，并要求有更多的预见，因为补救措施必须在疾病很明显之前加以运用。我曾偶然讲过，人类社会在对待犯罪的问题上，就像大多数人对待牙疼一样缺乏预见。尤其是城市，有多少人因患牙病而在经受痛苦呢？不过，任何相信卫生具有奇迹般力量的人，每天都会很自然地刷牙，预防牙齿上的细菌蔓延，使其牙齿不受损坏和痛苦。但
是，每天刷牙也很乏味，这需要毅力。如果没有科学信念，要养成 101
这一习惯是很困难的。大多数人都说：“我的牙坏了，我宁愿挨

疼。”但每到夜间因牙疼而不能入睡时，他们便又怪罪自己事先未预防，最后去求助于在多数情况下对此已无能为力的牙科医生。

为了消除犯罪的根源，立法者应当适用社会卫生规则。但这
要求立法者，平时要在经济、道德、政治和文化范围内致力于个人
及社会生活的立法改革。否则，立法者就是放纵犯罪细菌在社会
中发挥其致病的魔力。当犯罪已成事实时，立法者除了用监禁方
法惩罚其所要预防的犯罪之外，不懂得运用其他任何救治措施。
不幸的是，这种科学信念在大多数文明国家立法者的头脑中尚未
102 扎根，因为这些立法者仍然代表着一两代之前的落后的科学信仰。
今天，国会中的立法者是 30 年前的大学生。除个别情况外，他们
学到的知识都是已经过时的科学研究成果。立法者的工作始终落
后于他们所处时代的科学，这是一个历史的规律。但是，文明方面
的卫生与医药对公共健康的作用相同，宣传这一信念是科学家的
迫切任务。

实证派犯罪学得出的基本结论是：医学界发生的情形也将在
犯罪学中发生。在有关最危险的疾病的原因与根源的科学研究得
到惊人的发现之后，实用卫生，尤其是较个人卫生价值更大的社会
卫生的巨大价值，已经被人们认识到了。在帕斯特及其门徒把对
伤寒、霍乱、白喉及肺结核等传染病致病细菌的发现贡献给世界之
前，医学上所要求的仅是或多或少有些并不合理的治疗方案而已。
103 例如，记得在我少年时曾经流行霍乱，我便被关在房中，用某种刺
激气管及肺的物质熏烤，但后来证明这并不能杀死霍乱菌。直到
人类发现了这些传染病的确切原因，才产生了消除这些传染病的
有效办法。通向那不勒斯等城市居民中心的导水管对防治霍乱的

作用，远比药物的作用大，即使在疾病已经产生的那不勒斯居民中心也是如此。这是我们在犯罪学领域所要教授的现代课程。因为我们不相信我们能够成功地消灭各种犯罪，所以犯罪学领域将永远保留其镇压职能作为例外的、最后的权宜之策。因此，如果一个犯罪行为已经发生，可以运用作为犯罪学所主张的救治措施之一的镇压手段，但这种镇压手段应当成为最后的权宜之计，而不应该像今天一样，成为唯一的、主要的措施。

立法者常常忽视社会卫生规则，当某种犯罪猛增时才大吃一惊，但除了加重刑法典中规定的刑罚之外，别无他计可施。如果 104
1 年监禁不够，就加重为 10 年。如果仅凭加重处罚还不够，那就通过一个特别法。这是我们在每一个现代国家里都能看到的状况，而造成这一状况的原因主要在于盲目崇尚刑罚。盲目崇尚刑罚是指刑罚成为公共意识中的唯一措施，但由于它不能保护诚实者的社会，只能打击而不能医治那些陷入犯罪深渊的牺牲者，因此总是造成有损于道德及物质福利的情形。

除了主张日常和系统的社会卫生类措施对预防犯罪有更大的价值以外，实证派犯罪学在刑事制裁问题上也得出了与古典派根本不同的结论。古典派犯罪学认为监禁是治疗犯罪的主要措施，因而特别偏重它，并研究监禁期限的长短。从幻想洗涤犯罪人的 105
道德罪过，到规定犯罪人的法律责任，再到处以事先规定好的相应程度的刑罚，这是报应刑的必然结论。

此外，我们认为，由于我们对犯罪及刑事司法持有不同的观念，即使保留制裁（尽管适用社会预防规则，这也是不可避免的），其形式也应当有所不同。

大多数案件是数量最多而危险性最小的机会犯或激情犯所犯
的轻罪，民事法律对其规定的唯一的制裁手段是：“赔偿受害者的
损失。”依照我们的观点，这应当成为对大多数非危险分子所实施
的轻罪适用的唯一刑罚方式。在现代司法实践中，由于受害者往
往被人们忘记，所以赔偿受害者损失就会成为笑柄。古典派犯罪
学把全部注意力都集中到犯罪的法律本质上了。尽管受害者比造
106 成损害的犯罪人更值得同情，但受害者却被忘却了。其实，每一个
法官的判决，都附加一个公式——罪犯对于其造成的损害及应付
的其他官方费用负责。但是，法律程序把赔偿推迟得没有一定期
限。如果受害者为此事的诉讼经过几年之后才获得胜诉判决，那
时罪犯已有无数法律上的托词将其赃物取走了。因此，法律本身
便成了个人复仇情感的滋生地，菲兰杰里贴切地说：当法律之剑不
保护他时，一个无辜的人也会拿起杀人刀来。就这点而论，赔偿损
失应当严格适用，绝不应当以监禁来代替，否则就等于承认实在的
阶级差别。因为富者对于赔偿丝毫也不在意，而无产者则将以
100 天的监禁来折抵 1000 里拉的赔偿判决，同时含泪在外等待他
的无辜家属也将陷入绝境。赔偿损失，除使囚犯为弥补被害者家
庭损失而劳动外，不能以其他任何方式代替。曾经有人试图将此
107 作为一种折衷方法规定在我们的法典中。但是，因为立法者一挥
笔尚不足以改变一个国家的命运，所以这种提议仅为死的文字，而
未在意大利适用。

在轻微犯罪中，可以适用上述实际而有效的措施。对于遗传的或先天的犯罪人，或者由于习惯或精神病而倾向于犯罪的人犯下的重大罪行，实证派犯罪学主张保留不定期隔离的方式，因为在

犯了重大罪行的危险退化者的案件中，事先规定出期限是不合理的。

佩西纳最近对不定期刑进行了抨击，自然是因为古典派犯罪学的本质是通过相应的刑罚对过失进行报复。我们可以回答，法官只能用大致的标准，而不能用其他任何东西来确定一个人是负全部责任，还是负 1/2 或 1/3 的责任。因为没有绝对的、客观的标 108
准来确定犯罪与刑罚之间的比例，刑事司法就成了一种偶然的游戏。但是，我们指出不定期隔离中包含许多真理，即使最正统的古典派也承认这一点，如在未成年人案件中，这就使我们自己感到满足。如果不定期刑违反了古典派的原则，我真不理解为什么在未成年人案件中可以承认它，而在成年人案件中则反对它。这显然是一种为实际生活急需所产生的权宜之计，而只有实证派犯罪学可以在逻辑上对其做出系统的解释。至于其他，像我们提出的适用于最危险的隔代遗传罪犯的不定期隔离，是一种不仅适用于精神病罪犯而且也适用于普通精神病患者的措施。但是，我们可以说这是一种行政措施，而不是法院判决。如果有十分公式化的人对这点提出反对意见，他可以得到所有其想要得到的东西。但是，犯了罪的精神病患者被送到类似监狱的、带有铁栅栏的建筑中去确属事实。你可以称它为行政机构，也可以称它为刑罚机构，名称 109
不是实质性问题，而内容才是值得考虑的。我们主张，对于天生的或由于疾病引起犯罪的罪犯，不能随便把他们关上一个时期，而应当关到他们能适应正常的社会生活为止。

这一原则上的重大改变，带来了各种细节的急剧改变。采用不定期隔离，就应当有对被隔离人的监护机构，如定期改变判决的永久性委员会。将来，刑事法官确定被告人是否有罪，必须有充分的证据，这是一个基本问题。如果确定被告人犯了罪，则应将其与社会隔离；或因罪犯不是危险的犯人，或因其罪行不重而判处赔偿损失。如果对一个犯了轻罪的罪犯判处 5 至 6 天的监禁，实属荒唐。你使公众鄙视他、警察监视他，然后将其送进监狱，其恶性在
110 出狱时比入狱时更大。为一些小的过失判处监禁隔离是荒谬的，赔偿损失就足够了。因为对于重犯的隔离，管理的科学程度应当与现在的精神病院的程度一样。任命拿抚恤金的退伍军人或顽固的官僚做刑罚机构的长官也是荒谬的。我们参观一个那种强制性的人类“蜂房”，看看军事化纪律带来的残忍的伪善，就足够了。这类机构的管理必须是科学的，对于罪犯的矫正也必须是科学的，因为重罪常常表现为罪犯个人的病态。在美国已有埃尔米拉教养院之类的机构，正式适用实证派犯罪学的方法。这些机构的主管是心理学家、医生。当一个未成年犯进来时，对其要从生理学和心理学的角度进行研究。由于他们年轻，对其进行治疗是为了使这些可以转变的幼苗获得新生。科学疗法对累犯没有什么效果。现代
111 社会制裁犯罪的措施抹杀了罪犯的人格，使其成为一个号码，或者在杂居中完全被腐蚀，或者在独居中变成一个呆子或残暴的野兽。

精神病院也正在逐渐引进这些方法。我现在必须告诉大家一个小故事来证明这一点。8 年以前，当我在比萨大学任教时，我和过去一样，常常带着我的学生去蒙特鲁普参观教养院和司法精神病院。精神病院院长阿尔基里博士告诉我们一个非常有趣的病例。有一个大约 45 岁的男人，其简历如下：他住在托斯卡纳城区，是一个泥瓦匠。他一直是一个正常而诚实的人，还是一个好父亲。

但后来有一天，很不幸，从工厂厂房上落下的一块砖砸在了他头上。他头部受伤，便倒在地上昏了过去。后来他被送进医院，治好了外伤，但从此失去了生理及心理健康，成了一个癫痫病人。

于是，因受伤失去了神经系统的正常功能后，他由性格温良沉静变得好争吵、易激动，以致在工作中没有规律，在家庭生活中缺 112
乏道德和诚实，最后因为在一个沙龙中争吵时重伤他人而被定罪。法院把他当作正常人判刑，我不知道其监禁期限多长。但在狱中，隔离的特殊条件使其生理及心理健康趋于恶化，癫痫病经常发作，性格更加糟糕。监狱长把他送到了蒙特鲁普的司法精神病院，凡被怀疑有精神病的罪犯及精神病罪犯都要送到那里。

阿尔基里博士在研究这一有趣的案例之后得出结论，此人大脑中的一小片碎骨是癫痫病及神经错乱的原因。医院在治疗过程中，未曾发现这一点。于是，阿尔基里博士在其旧伤周围的一部分颅骨上进行了手术，果然在脑中发现了一片碎骨。博士取出碎骨片，用一块铂片盖上伤口以保护其脑。那个人有所改变，其癫痫病停止了，其道德状况和以前一样了。这个泥瓦匠（自由意志如何解释呢？）因其一连五六个月行为正常而被释放，这完全归功于医生 113
的智慧，医生相信其癫痫病和缺乏道德均是由于大脑受伤造成的。如果没有这个司法精神病院，他将和我及我的学生几年前在安科纳教养院看到过的那个人一样，在单身牢房中度过一生。安科纳教养院的院长是一个退伍军人，他对我说："教授，我让你看一个兽性人，他已经服了全部刑期的 4/5。"然后他叫了 6 个随从："我们必须慎重。"到了那个人的监号，我对院长说："请允许我和他谈谈。我不相信有兽性人存在。让随从离开一点。"院长答道："我的职责不允许我答应你。”

但是，我仍然坚持。监号的房门一开，就见有人走了出来。他
凸目斜脸，真像一头野兽。但我向他一笑，友好地对他说：“你好！”
这一待遇的变化立即改变了其态度。他起初为之一震，继而流出
114 了眼泪，然后以极其痛苦的语调告诉我他的经历。他说，他有时不
能自制，但情感发作一过，他便意识到他很正常。虽然没有那么
说，但他希望运用人类的心理学知识对其做进一步的治疗。监狱
倒确实有一位医生，但他仅仅治疗普通疾病，不熟悉专门的心理学
知识。或许有例外吧，但在那个案件中是一个巧合。狱医在外兼
有业务，在狱内工作便特别仓促草率。他说：“他们装病以图出
狱。”总之，现代医生缺乏心理学训练，因此不能正确地理解罪犯心
理上的问题。

因此，我们必须对这些机构实行科学管理，对于不能仅以赔偿损失方式进行处理的危险重犯，也施以人道待遇。

在我们看来，这是镇压的作用，是关于犯罪自然起源的实证资
115 料的一种必然结果。

换言之，我们相信制裁措施将来要退居到次要位置上去。我们相信各种立法都将把社会卫生治疗适用于对症状的治疗，使社会卫生治疗天天都得到运用。因此，我们可以建立起预防犯罪的理论。有人说：“制裁比预防好。”也有人说：“预防比制裁好。”为了解决这一争论，我们必须牢记制裁分为截然不同的两种：一种是即时的、直接的经验主义的制裁。它不调查犯罪的原因，而只等犯罪发生后即加以制裁。对此可以称之为警察预防。另一种是社会预防，具有间接的更深远的作用。它不待犯罪行为发生，便在贫穷、

弃儿和流浪儿等群体中挖掘出犯罪原因，通过长远的、间接的手段来防止这些情况的发生。在意大利，预防即逮捕。就是说，制裁仅被理解为警察局的制裁。在这种情况下，应当认为某些预料之中 116
的犯罪发生是自然的，因为犯罪不是在先报告警察局之后的一定期间内才发生的。犯罪行为，特别是被警察直接进行制裁的政治和社会犯罪行为所造成的损害，将比滥用警察权力造成的损失要小。对于遗传犯罪的案件，预防并不意味着给可能犯罪的人戴上手铐，而是在其日常生活中，谋求以经济和教育措施来消除或减少犯罪原因，因为惩罚比预防的效果低。

换句话说，为了预防犯罪，我们必须求助于我曾称之为"刑罚的替代措施"的那些措施。它们之所以能够防止犯罪的发展，因为它们深究了犯罪原因，并力求消除这些原因。

边沁曾讲过，18 世纪英国的邮政服务完全掌握在驿车的驭手手中，但在当时这与运送旅客无关，后来才与运送乘客相关。因为当时驭手们过多地在旅馆停留，要使其准时到达是不可能的。虽 117
然对驭手科以罚金，甚至判处徒刑，但他们仍然迟到。只要引起迟到的原因还存在，刑罚也不起作用。后来规定在邮站接送乘客，驭手则不再迟到了，因为他一停车，旅客（需要按时到达）便呼唤驭手，不让其停车时间过长。这是一个以其他措施代替刑罚的实例。

还有一个实例可以讲讲。从中世纪到我们现代文明社会，海盗一直盛行。各国都惩治海盗，把海盗当作野兽一样处罚，一抓住他们即判处死刑。但是，海盗行为依然没有减少。后来，使用汽船航行，海盗竟奇迹般地消失了。强盗及土匪如何呢？他们不惧怕死刑和军队的奇袭。我们今天也曾目击过搜捕土匪穆索里诺的警

118 察与拒捕的土匪之间的一场不太激烈的战斗场面。

铁路及公路不能到达的森林中，土匪便进行犯罪活动。但一待铁路或公路修通，土匪的犯罪行为也即刻消失。你可以坚持死刑和监禁，但伤害和抢劫依然如故，因为它们与地理条件有关。反之，运用文明工具，无须判处任何人死刑和监禁，土匪和强盗在文明的光辉面前就自然消失了。如果在大城市中，人们都集聚于公寓和旅馆里，一个有人性的法官怎么能加重性犯罪的刑罚呢？当男女老幼共居于一张床上，同处于相同的泯灭人类高尚灵魂的腐败环境中的时候，又怎么能希望人们的羞耻感萌发呢？

我若继续讲社会卫生规则是解决问题的真正办法，是治疗犯罪疾患的最系统的、最人道的、非流血的救治措施的例证，未免离
119 题太远。不过，我们不相信，在最近或遥远的将来，人类能够消灭全部犯罪。甚至于不能天真地绝对深信，在我们盼望建立在友谊及社会正义基础之上的社会主义社会本身，犯罪、精神病和自杀将会从地球上全部消失。但是，我们坚信，犯罪、精神病及自杀的某些特定形式将会消失，除了由于创伤及自然等因素的影响而产生的、少见的偶发形式之外，其他任何形式的犯罪、精神病及自杀都将完全消失。

由于我们发现蔓延于意大利各地的疟疾是由某种蚊虫传染的，我们找到了疟疾的治疗方法，足以保护个人和家庭免受疟疾传染。但除了这一保护功能外，还必须有社会预防。因为那些疟疾菌只能在沼泽地带栖身，为了消除其原因和结果，有必要用犁锄开
120 拓这些荒地。在犯罪学中，我们面临着同样的问题。在未来社会中，我们将从事这一社会卫生工作，并因此消除各种流行的犯罪形

式，那么90%的犯罪都将被消灭，只剩下一些例外的情况，例如像我上面提到的泥瓦匠之类的案件。因为无论在哪种社会组织形式中，总会有偶然事故发生，而在某些人中导致精神病。但是，你们清楚，这类案件终究是例外，在科学指导下极易治愈。科学将成为那些不适应社会生活的人的隔离机构的最高、最仁慈的管理者。由于社会的逐渐发展将消除犯罪病菌滋生的沼泽地，犯罪问题也将因此得到解决。

如果我们想要把这些标准应用于一个今天能使全意大利注意的这个高贵城市的实例；如果我们希望把我们的理论付诸于现代生活实践；如果科学响应生活的召唤，让我们看一下本市称之为卡 121
莫拉的特有犯罪形式吧。卡莫拉扎根于这里就像争吵、伤害扎根于都灵中心，黑手党扎根于西西里岛中部一样。首先，我们不能有意不顾事实，拒绝承认公民在不能得到社会正义保护之时进行自卫的事实。自卫与犯罪之间只有一步之差。但是，哪里是供这种疾病蔓延持续（像麻风病在集合有机体中一样）的沼泽地呢？正是民众经济上的贫穷及其所导致的文化及道德上的贫乏。

最近，在那不勒斯的一场很幸运的战斗中，似乎征服了强大的卡莫拉的一个头目。但是，我们能相信少数大众作家的勇敢宣传触及到本市卡莫拉的根基了吗？因为甚至于在毁灭性的风暴过后，我们仍然可以看到植物的花朵重新开放。

一个社区的瘟疫可以通过一个或多个人的勇敢行为治愈，但诊治社会疾病并非如此容易，其过程必定更加缓慢复杂。不过，这 122
些事件是文明向着胜利前进道路上的里程碑，文明将与社会犯罪的历史状况相伴随。在城市中，成千上万的人每天早晨起床之后不知如何谋生，他们没有固定的职业，因为工业发展尚未达到使人类脱离原始森林的那种有系统的劳动程度。事实上，人类进步依靠两种向上的力量：战争和劳动。

在原始野蛮社会，人类不懂得社会纪律，即全氏族因此而结合起来的一种军事纪律的约束。在原始社会，战争很有用。然而，战争自身包含与其相伴随的毒瘤，用途会越来越小。

战争在强迫不同的集团服从人类活动的共同纪律的同时，也降低了对人类生命的尊重。一个挥剑杀死邻族的同辈的士兵，很
123 容易失去对本族成员生命的尊重。于是，第二种富有教育意义的力量——劳动，在人类由游牧生活转向农业的定居生活这一历史发展的决定性时刻，就开始显示出其力量和干预作用。这是一个土地及生产工具的公有制逐渐为公社、家庭和最后的个人所有而代替的历史时期。在这一时期，人类从个人的孤立劳动过渡到集体的、联合协作性的劳动。通过新石器时代的遗物，我们可以看出最初的工厂的发展状况，这中间有我们祖先收集和制造的原始工具和武器。从此，我们便可以得出联合的共同劳动的观念。这种劳动具有巨大的向上的力量，因为它不同于战争，不包含蔑视及侵害他人权利的因素。

劳动是人类达到理想境界的唯一永恒的力量。但是，如果在那不勒斯这样的大城市中，有 10 万人不能在系统的共同劳动中得到职业保证和训练，你们就不用对日常生活的不安定感到奇怪了。
124 人们营养不良，大脑贫血，导致一切道德观念颓废，卡莫拉的恶苗到处蔓延。尽管法院的法律程序只能引起公共舆论、立法和政府对使社会有机体的一部分正在遭受的疾病的短暂注意，但是简单

的制裁不能产生任何持久的作用。

科学教育明确告诉我们，在地方性犯罪中，社会救治措施必须针对社会弊病实施。除非社会改革这一医治措施永远伴随着劳动的发展和保护，除非司法保护集体社会中的每一个成员，否则任何公民的勇气都是白费的，恶苗将继续在丛林里疯长。

在巧妙而无法变通的事实逻辑的启示下，我们采用科学的方法对犯罪研究之后，得出结论如下：像惩罚这样一种单纯、千篇一律的措施，不足以治疗犯罪这种自然和社会的现象，因为犯罪本身有其自然的和社会的原因。保护社会免受犯罪侵害的措施必须是多层面的、复杂的和不断变化的；必须是立法者和公民在系统的集 125
体经济的坚实基础之上进行长期不懈的系统工作的成果。

现在，让我以这一实际的结论向大家告辞并衷心感谢诸位的热情接待。我虽年长，但在追求高尚理想的热情上不减当年。我衷心地感谢诸位！我以一个人和普通公民的身份感谢你们，因为这三次演讲是使我保持青春、信心和激情的源泉。这三次演讲将使我怀着极大的信心重返我的祖国和人类未来事业的其他日常事务中去。如果我的话能够激发起你的精神，使你更加强大，对文明和社会正义的未来更加充满信心，我的这些感谢、快乐和荣幸之辞将都献给你——年轻的意大利！

认识菲利[1]

郭建安

菲利是刑事科学中实证学派的主要代表人物，对犯罪学的发展发挥了极其重要的历史作用。他在刑事科学的许多领域都提出了与当时占据主导地位的古典派针锋相对的观点，如自由意志、刑罚的基础、死刑、陪审团制度、无罪推定、犯罪原因与预防、犯罪人的分类及其对策和监狱改革等。在这些问题中，有许多目前在我国学术界还处于如火如荼的争论之中。他的许多结论及其获得结论的方法或许对我们目前的争论具有很大的启示，甚至近年来最为流行的刑法一体化思想也可以在菲利的"大犯罪社会学观"中和他将上述涉及多个刑事学科的问题放在一本书中论述的做法中找到渊源。[2] 鉴于迄今为止在对菲利评价上的混乱，利用这次《犯罪社会学》和《实证派犯罪学》修订再版的机会，译者又一次仔细咀嚼了菲利的这两本书，并根据其书中的观点和其他相关资料再一次

---

① 本文原写于2003年5月，并于2015年5月进行了修订。

② 菲利认为实证派培育了一门关于犯罪及其社会防卫的科学，并称之为犯罪社会学。他主张刑法学是犯罪社会学的一个分支学科，并因此遭到了许多刑法学家的反对。参见索尔森·塞林(Thorsten Sellin)："恩里科·菲利"("Enrico Ferri")，in Hermann Mannheim(ed.)，*Pioneers In Criminology*，Second Edition，Montclair，New Jersey，Patterson Smith Publishing Corporation，1972年。

对菲利及其刑事科学思想做一解读,以便读者进一步认识菲利其人。

一、菲利的生平[①]

恩里科·菲利(Enrico Ferri)于1856年2月25日生于意大利曼图亚省的圣贝内德托一个贫穷的经营盐和烟的小店主家庭。他的早期教育有些零乱,先接受了两年私塾似的教育,而后在曼图亚的一个学校里接受了两年教育。在这所学校里,他声称未学到任何东西,并在一次试图跳级的考试中失败了。此后,他转到了另外一所学校并成为一名自行车运动狂热分子,但因为辍学而险些被开除。父亲把菲利从学校领回,威胁要让他从事体力劳动。经过一个星期的悔过,菲利又回到了学校,不久就通过了期终考试,获得了进入曼图亚维吉尔高中的资格。

在维吉尔高中,他开始发现自己的能力。还不到16岁,他便受到以出版《作为实证科学的心理学》而著名的大师罗伯特·阿迪格的影响。从阿迪格的课程中,菲利发现了"决定其一生科学方向的智慧食粮"。在其他几门课程中,他的数学成绩很好,对拉丁文也很感兴趣,但是对希腊语不感兴趣,甚至被迫在期末考试中作弊。

中学毕业之后,菲利进入博洛尼亚大学。在该校学习的三年中,菲利头两年花在课外活动上的精力太多,但选修了法医学和刑法学课程。刑法学是由古典派刑法学的主要代表人物彼德罗·埃

① 菲利的生平系根据索尔森·塞林撰写的"恩里科·菲利"一文整理的。

勒诺讲授的。到第三学年，菲利才开始静下心来学习。在此期间，他构思了毕业论文，试图证明现行刑法学中含糊不清的自由意志概念是虚构的，根据这一虚构概念建立的虚假的罪犯道义责任应当让位于社会责任或法律责任的概念。菲利认为，每一个人都应当因其行为向社会负责的原因，是由于他是一个社会成员，而不是由于他能够选择非法行为。这篇论文于 1877 年成功地通过了答辩，菲利获得了博洛尼亚大学的学士学位。

在向古典派刑法学理论发起首次攻击之后，菲利又到比萨大学学习了一年。在比萨大学，他通过听讲座认识了传统刑法哲学大师弗朗西丝科·卡拉拉，卡拉拉时任比萨大学刑法学教授。菲利与每个人争辩他的观点，因此获得了“自由意志菲利”的绰号。菲利的理想是成为一名大学教授。为了给自己的教师生涯做准备，菲利在此期间系统地练习自己的演讲技巧，积极锻炼身体。他每天随身携带一些卡片，随机抽取一个题目，大声地独自演讲上一个小时。此外，他还修订了他的学士学位论文，准备出版。到一年结束时，卡拉拉对菲利的“挑衅”既愤怒又欣赏，大叫“菲利不是来向我们学习的，而是来教我们的”。他还允许菲利根据其“新思想”做了一次关于犯罪未遂的讲座。

龙勃罗梭对菲利的影响非常重大。1878 年夏季，在菲利 22 岁时，他的学士学位论文出版了。他寄给了龙勃罗梭一本，龙勃罗梭在回信中对菲利给予了祝贺和鼓励。但是，在与他们共同的朋友菲利普·图拉提谈起这件事时，龙勃罗梭称“菲利实证得还不够！”菲利得知龙勃罗梭对他的这一评价之后感到愤愤不平，他在写给图拉提的信中称：“什么！难道龙勃罗梭建议我，一个法学家，为了足够实证也去测量罪犯的脑袋吗?!”但是,后来菲利认识到,他依然在沿用经院式的、形而上学的方式思考和写作,其论文中的可归责理论与对自由意志的否定不协调,经院式的、形而上学的逻辑推理思维模式是为实证学派所不容的。

当年,因为他出版的论文,菲利获得了去法国从事一年研究的奖学金。在出发之前,他给自己定的任务是,通过对 1826 年以来的司法统计资料的分析来研究法国 50 年间的犯罪趋势和特征。尽管收集资料占用了他的大部分时间,但菲利在法国期间仍然抽时间学习了德语,听了政治理论家拉布莱和自然人类学家特勒法吉斯·德·布劳等人的讲座,还给龙勃罗梭的书写了一篇长篇述评。在法国一年的研究使菲利对实证研究方法有了更充分的认识和更熟练的掌握。尽管他没有完全接受实证主义哲学,但是他不断宣称“实验的”即通过调查推导的方法是唯一能够创造一个国家聪明地处理犯罪问题的知识的方法。

1879 年春,在离开法国回国之前,菲利申请了罗马高级教育理事会的刑法学讲师资格和龙勃罗梭所在的都灵大学刑事诉讼法讲师资格。菲利在比萨大学学习期间为成为一名教授而做的准备帮了他的大忙。都灵大学的考试委员会要求菲利做一次试讲,他选择了陪审团制度。在试讲中,菲利反对陪审团对普通犯罪的审理,试讲很成功。经过试讲,菲利获取了都灵大学的讲师资格。他试讲的手稿经过整理之后,于 1880 年出版,成为一篇著名的论文。他向罗马高级教育理事会提出的申请遇到了强烈的反对,因为理事会中一名非常有影响的成员反对他的观点。但是,他按要求做了一次关于刑罚替代措施的讲座。在讲座中,他把一个国家为了预防犯罪并因此减少刑罚适用而采取的刑事立法之外的所有社会措施通称为刑罚的替代措施。就是在这次讲座中，菲利第一次提出了犯罪饱和法则。

在都灵大学，菲利完成了对法国犯罪统计资料的分析，写出了一部书稿。他认为，龙勃罗梭的研究主要限于习惯性犯罪人和精神病犯罪人，是犯罪问题中很小的一部分。他主张，犯罪与其他各种人类行为一样，都是多重原因的结果。尽管这些原因实际上总是交织在一个密不可分的网络中，但是基于研究的目的可以将它们分开。犯罪的因素有三个：人类学因素或称个人因素、自然因素或称地理因素、社会因素。

在这项研究中，他选择社会因素进行调查基于两个理由：一是对犯罪现象的调查范围需要拓宽；二是社会因素与社会和立法实践的关系更为密切。即使立法者对人类学因素和自然因素有所了解，也很难通过立法加以改变，而社会因素则能够受到立法的影响，因为它们更易于处理。他的研究结论证实他的选择很明智。通过对法国 50 多年犯罪统计资料的分析，菲利发现法国的犯罪现象呈大幅度的增长。因为人类学因素和自然因素在同一时期没有多大变化，所以法国各类犯罪的普遍增长是由社会环境的变化引起的。

菲利的第一项实证研究便获得了承认。1882 年，其研究结论发表不久，他被司法部长任命为意大利司法和公证统计委员会的成员，任职十多年。

在都灵大学，菲利师从龙勃罗梭。他确信，要确立关于犯罪、刑罚和罪犯的原则，首当其冲的是研究罪犯和监狱，因为事实应当先于理论。他作为龙勃罗梭的学生，不断访问监狱、精神病院和实验室。在龙勃罗梭主编的《精神病学档案》创刊号中，菲利投了两篇稿子，一篇是关于刑罚替代措施的，另一篇是关于犯罪人类学和刑法学之间关系的。在后一篇论文中，他首次提出了对犯罪人的分类，即天生犯罪人、精神病犯罪人、激情犯罪人、偶发性犯罪人和习惯性犯罪人的五分法。虽然在都灵大学仅仅待了一年，但是菲利与比他年长 20 岁的龙勃罗梭之间建立起了深厚而持久的友谊。他们相互尊重，彼此大受裨益。菲利对龙勃罗梭的实证方法有了更进一步的认识，龙勃罗梭也从菲利的社会学观点中受到了很大启发。

1880 年，博洛尼亚大学刑法学教授埃勒诺被任命为意大利最高法院法官，其所担任的教授职位出现了空缺。在就任最高法院法官之前，埃勒诺表示希望菲利能够继任他的职位。这样，菲利在获得学士学位 3 年之后又回到他的母校担任了刑法学教授。菲利要成为一名大学教授的愿望最终实现了，而且逐渐表现出了他所特有的教师天赋。1880 年 12 月，菲利做了一次关于“刑法和刑事诉讼新视野”的讲座之后，一名在场者将他的讲座描绘成该校校史上具有划时代意义的事件。正是从这次讲座开始，菲利的《犯罪社会学》书稿逐步形成了。

在博洛尼亚大学，菲利开始追求他未来的刑事司法系统应当由了解罪犯的人管理的理想。在刑法教学中，他带领学生去访问刑罚机构和精神病院。1881 年秋，他开始研究卡斯特弗兰克·艾米里亚和佩扎罗监狱中的 699 名罪犯、博洛尼亚精神病院的 301 名精神病人和博洛尼亚当地的 711 名军人。军人作为控制组的样本，研究方法是个案研究。他从这些机构的档案中收集资料，在监狱的牢房或院子中直接观察每一个罪犯，对每一个罪犯面谈和检查一个半小时。对罪犯的检查一半是生理检查，一半是心理检查。这一研究项目前后持续了3年，菲利根据研究所获得的资料写出了一篇关于杀人与自杀的论文和一部关于杀人的专著。

1882年，菲利离开了博洛尼亚大学，接受了锡耶纳大学的教授职位。在该大学供职的4年是菲利在教学和研究上成果卓著的4年。他写出了《作为社会功能的惩罚的权力》《实证派刑法学》《集体财产与阶级斗争》和《社会正义与犯罪现象》等论著，出版了关于杀人与自杀的专著，再版了他的《新视野》，在1885年举行的国际监狱大会和同时举行的第一届犯罪人类学大会上发表演讲，谴责了独居制。

此后不久，菲利告别了平静的大学氛围。1886年3月，曼图亚省的一大批农民因为与其地主之间发生纠纷而被以煽动内乱罪起诉。他受聘担任了辩护律师。在辩护中，菲利从社会经济方面在法庭上做了精彩的演讲，使得这一大批农民得以被当庭无罪释放。

3个月之后，菲利在30岁时被曼图亚省选举为意大利众议院议员。此后代表不同的选区11次竞选都连任了，直到1924年。菲利的首次当选纯粹是他个人的胜利，因为他不代表任何党派。在政治上，他的研究结论使其接近了社会主义，但是当时意大利盛行的天真的乌托邦社会主义使他没有做出理性地接受社会主义的选择。他多次向那些宣称社会主义社会将消除犯罪的人们指出，犯罪是一种不可避免的现象；每一个社会，无论性质如何，都有自己的犯罪形态。在封建社会,侵害人身罪是主要的犯罪形式;在资本主义社会,盗窃和诈骗犯罪盛行;到社会主义社会,新的犯罪形态将会产生。他为曼图亚农民所做的著名辩护表明他几乎已经成为一名马克思主义者。他自己在1925年重温这篇辩护词时声称,他认为自己为曼图亚农民暴动案辩护时的所作所为已经使他无意识地成为一名马克思主义者。他的辩护词"完全从历史唯物主义出发,以此来证明历史上个人和社会的行为都是个人和集体的根本和决定性的经济状况的产物"。

当选众议员之后,菲利一家搬到罗马居住。菲利于1884年与一名佛罗伦萨姑娘卡米尔·瓜奈里结婚。他们的婚姻从各方面看都很美满,两个人养育了两儿一女。

在国会,菲利隶属于激进自由主义派。他放弃了在锡耶纳大学的教授职位,但是在罗马大学以"自由讲师"的身份讲课,撰写关于实证学派及其使命的论文,开始以出庭律师的身份出名,着手在非常贫穷的曼图亚农业工人中组织合作社。1890年,他应邀接替卡拉拉在比萨大学的职位。但是,他在这一职位上仅仅干了3年。一方面基于他对经济决定论的信念,另一方面基于他对其选民的忠诚,菲利于1893年参加了由其选民建立的意大利社会主义工党。这一行为使他丢掉了在比萨大学的职位。

此后,菲利一家搬到了费苏里附近的圣多米尼克,在那儿居住了几年。菲利对政治生活越来越狂热。他发现其政党在国会中的势力较弱,便投身到教育群众之中去。他妻子称,在20多年的时间里,菲利每年365天中有200多个夜晚是在火车卧铺上度过的。菲利成了出色的人民演说家。他就科学、历史、经济、社会学等

40 多个题目到处演讲。在全意大利，没有一个村子他没有去过。城市人民更是经常听到他的演讲。1896 年，当全国社会主义党大会决定创办一份党报《前进报》时，又是菲利外出演讲 3 周筹集了所需的 1 万里拉，后来又担任《前进报》的主编。

在国会，菲利的影响越来越大。1899 年，他领导阻止了一项政府议案的通过。1903 年，他发动了对海军部渎职行为的调查。这一行动使他陷入了诉讼，海军部长以诽谤罪向他提起了刑事诉讼，他甚至被法庭判处了 11 个月监禁。但是，后来国会成立了一个调查委员会。调查委员会查明，菲利对海军部的指控都属实。他在国会受到了称赞，针对他的判决也被撤销了。

1906 年，他应邀继任了罗马大学因派罗梅尼的刑法学教授职位。过去，他几次被其他大学提名为刑法学教授人选，但是都因为他的政治观点和政府在刑法上的保守观点而最终被否决了，尽管他作为“自由讲师”到处做讲座。1895～1903 年，菲利每隔一年到布鲁塞尔大学去做一次讲座。1889～1901 年，他每隔一年到巴黎高级社会研究学院做一次讲座。他还到荷兰和佛兰德的大学演讲。1908 年，菲利到南美洲做巡回演讲，在 110 天里做了 80 次演讲，演讲的题目主要是针对一般听众的。这次巡回演讲相当成功，两年之后他又应许多大学的邀请回到南美向专业人士演讲。

为了传播自己的观点，菲利积极参加各种专业国际会议。他几乎参加了所有国际犯罪人类学大会，多次参加国际刑事科学学会（现国际刑法协会）大会，并参加了 1885 年和 1925 年的两届国际监狱大会。通过这些国际会议，菲利的观点在国际上也非常著名。

在参与政治和学术活动的同时，菲利还积极推动刑法改革。他于1892年创办了一份法学刊物《实证学派》。这份刊物为实证派学者提供了一个自己的论坛，他们在上面宣传实证派的主张。菲利一直担任该刊的主编（编委会主任），直到去世。在刑法改革方面，实证派主张，法官要受过良好的训练，而且所有处理犯罪或罪犯的人都应当专业化。

1912年，菲利在罗马建立了一个应用刑法和刑事诉讼学院，吸引了许多学生，甚至还有一些来自国外的学生。

1919年，意大利司法部长、菲利的中学同学莫塔拉邀请菲利出任起草一部新刑法典草案的委员会的主席，该委员会起草的刑法典草案拟代替1889年旧刑法典。委员会应当由各个学派的代表组成，但是由于辞职等原因，到最后绝大多数成员都是具有实证派倾向的。1921年，菲利主持起草的刑法典草案出炉。尽管在起草委员会中具有实证派倾向的成员占了绝大多数，但是草案中依然包含了一些古典派与实证派观点之间的相互妥协。这份草案受到了热烈的欢迎，被翻译成了包括英语在内的多种文本，人们都期待着它在国会获得通过。

但是，人们的希望最终落空了。第一次世界大战之后，法西斯在意大利取得了政权。新政权不再用菲利主持起草的刑法典草案，而是组建了一个新的起草委员会，菲利也是其中的一个成员。但是，菲利此时的政治热情已大大减弱，他因为社会主义工党“既不知道如何发动革命，也不想承担掌权的责任”，便退出了该党。1924年，他又拒绝连任，从而辞去了众议员职务。新的刑法典起草委员会于1927年提出了一份草案，1930年获得了通过。对于这一刑法典,菲利在理论上反对其中的许多概念,他认为该刑法典带有新古典派的中庸色彩。但是,作为“一个实际的人”,他从其中看到意大利向着正确方向迈出的一步。对于法西斯主义,他认为就刑事司法而言有些价值,因为它符合菲利的一贯观点,肯定国家权力,反对极端个人主义。1929 年 3 月,在逝世前一个月,菲利被提名为参议员,但他一直未做出答复。

菲利毕生追求科学和理想,取得了非凡的成就。他 22 岁就出版了专著,被公认为实证派刑事科学的领袖。菲利还是一个非常成功的出庭律师和当时意大利最著名的法庭辩论家、国会议员、社会主义报纸的主编、公共演说家、大学教授、许多倍受尊敬的学术著作的作者和一份影响巨大的杂志的创办者。他举办了 2300 多场学术讲座、600 多场公共讲座和数千场政治演说,涉及的题目有 40 多个。

他把自己的生活安排得井井有条,整个上午(从 7 点至 12 点半)都用来写作,下午阅读专业文献、做笔记和写信,晚上 8 点之前结束一天的工作,吃完晚饭就上床睡觉。他非常有节制,从不抽烟,坚持体育锻炼和体力劳动。夏季,他通常带全家到意大利各地去度假,在度假中他尽可能摆脱所有工作来休息。8 月至 9 月,他外出旅行参加各种国际会议。他不喜欢歌剧和音乐会,因为那会打搅他的睡眠。

菲利于 1929 年 4 月 12 日逝世,“犯罪学史上一位最多彩和最具影响的人物消失了”。菲利在晚年将其主要观点做了系统的整理,在逝世的前一年以《刑法原理》为题出版发行。在《刑法原理》中,他阐述的主要观点如下:

意志自由的概念将在刑法中失去地位；

社会防卫是刑事司法的目的；

犯罪的原因包括三类因素；

犯罪人分为五类；

刑罚替代措施是间接社会防卫的手段；

犯罪的动机而不是客观性质是刑罚的基础；

建立农业刑罚殖民地来代替单独监禁制度；

以不定期刑代替定期刑；

建立犯罪精神病院；

废除陪审团制度；

强调对被害人的赔偿应当作为公法中的一种刑罚；

研究犯罪必须研究罪犯。

其他学者在此之外还列举了他另外一些观点，如对“天生犯罪人”术语的界定；以法律责任代替道义责任等。这些观点在后面的部分都将做详细阐述。

二、菲利的政治倾向

分析菲利的政治倾向是一个很有意思的问题。在西方，有些学者将其称之为马克思主义者，菲利自己也这么认为；还有一些学者认为其认同法西斯主义，甚至与法西斯主义结盟。在我国，很少有人注意菲利的政治倾向，多数学者只关心他的学术观点。但是，在改革开放之前和改革开放之初，也有学者通过分析菲利的学术观点对他进行政治剖析和批判。例如:有学者将菲利的犯罪原因三因素论归结为"犯罪被动理论",认为"如果说客观上在揭露资本主义制度本身就是犯罪的渊薮,不无一定道理,但用它来了解观察社会主义社会的犯罪,将近于荒谬了"。还认为菲利对变态罪犯做出的退化型与进化型的区分,虽有历史进步意义,但是"实质上仍然是不准'新人类思想的先驱者'越资产阶级法律规定的雷池一步"。还推导出菲利犯罪原因三因素说中的社会因素"为资产阶级辩护的本质昭然若揭"。[①] 还有学者称菲利的"犯罪饱和论"是对马克思主义犯罪观的反动。[②]

通过对菲利的著作和其生平所为的研究,可以肯定菲利在政治上是站在其所处的时代前沿的,而且是一名不完全彻底的马克思主义者。他认同马克思主义理论,向往马克思主义描绘的社会主义制度,但是反对包括马克思主义所倡导的暴力革命在内的一切暴力手段。然而,在晚年退出意大利社会主义工党时,他自述的理由又是工党"既不知道如何发动革命,也不想承担掌权的责任"。由于所掌握的资料有限,笔者难以据此得出他晚年改变了自己反对暴力革命观念的结论,也难以得出他因为自己对社会主义制度信仰消退而退党的结论。一些西方犯罪学学者也将其当作马克思主义者。[③] 从笔者所掌握的资料来看,以下几个方面还可以略显

① 周密:《论证犯罪学》,群众出版社1991年版,第96页。

② 康树华:《犯罪学——历史·现状·未来》,群众出版社1998年版,第235页。

③ 如索尔森·塞林。在与笔者的交往中,澳籍香港大学犯罪学家罗德里克·布罗德赫斯特(Roderic Broadhurst)博士也这么认为,并表示愿意将其他有关马克思主义犯罪学的著作寄给笔者。

菲利的政治倾向。

首先,他反对资本主义制度。他谴责资本主义赖以存在的基础“自由竞争”。他指出:“我们的文明中显然存在着引起犯罪的经济因素,自由竞争规律实际上是一种变相的同类相食,其法则即‘你死我活’。在有限的职业中,工人的竞争就等于有些人就业是建立在他人失业的基础上的,这是一种变相的人吃人的形式。竞争者虽不像原始人那样相互蚕食,却是通过诽谤、推荐、保护、金钱等手段搞垮对方,以保证最善交易者的地位,而使最诚实、最有才能及最具有自尊心的人沦于饥饿的痛苦之中。”①

他也谴责资本主义现代工业的弊端。他认为:“现代工业违反自然规律,妨害人类的天然作息。因为蒸汽机日夜工作,永不停息,所以太阳落山已不再是工人休息的信号,而是下一班工作的开始。这不仅适用于成年人,而且也适用于那些处于身体发育阶段的未成年人,因为他们的肌肉力量也能为资本家生产利润。而且,这还适用于在神圣的妊娠期内的母亲,她已变成了工业机械中的一个齿轮。你将会发现,把孩子留在家中,任其在污秽的生活环境中自生自长,那他这段历史必将被记录在犯罪统计册之中,这就是我们所谓人类文明的耻辱。”②

他还谴责资本主义的统治阶级对反对资本主义制度的所谓政治犯进行残酷镇压。他指出:“统治阶级已失去敏锐的目光,因此欲为过去的政治谋杀犯树碑立传,以宣扬自己的胜利,但却像对待

① 参见本书第 35 页。
② 参见本书第 15 页。

其他普通罪犯一样，判处那些一心致力于革命理想的人，把新人类理想的先驱者投入监牢，就像俄国把叛逆者托尔斯泰逐出教会一样。”①

他对当时资本主义社会不断增长的犯罪现象的分析，特别是其提出的犯罪饱和理论与马克思主义的分析有着惊人的相似。恩格斯在考察了资本主义社会的犯罪现象之后指出：“犯罪按照特殊的规律性在年年增长着，一定的原因按照特殊的规律性在产生一定的犯罪行为。工厂制度流行的结果就是犯罪数量到处在增加……这种规律性证明犯罪也受竞争支配，证明社会产生了犯罪的需求，这个需求要由相应的供给来满足；它证明由于一些人被捕、放逐或处死刑所形成的空隙，立刻就会有其他的人来补充，正如人口一减少立刻就会有新来的人来补充一样。”②

他根据其犯罪原因三因素理论得出的所谓“犯罪被动论”，其实也可以从马克思主义经典作家的著作中发现类似的论述。恩格斯在提出上述论断的同一篇文章中指出：“穷困让工人在几条道路上选择：慢慢地饿死，立刻自杀，或者随便在什么地方见到他们所需要的东西，只要可能就拿走，干脆说，就是偷。如果大多数的人宁愿偷东西而不愿饿死或自杀，那我们是不应该奇怪的。当然，工人中间也有许多人很讲道德，即使弄得山穷水尽也不愿去偷，而这些也就是饿死或自杀的人。”③

其次，菲利认同达尔文、斯宾塞的理论，运用马克思主义历史

---

① 参见本书第 37 页。

② 恩格斯：《英国工人阶级状况》，载《马克思恩格斯全集》，第一卷，第 623～624 页。

③ 同上书，第一卷，第 623～624 页。

唯物论分析犯罪原因，明确表现出崇尚社会主义社会的倾向。他指出："达尔文于 1856 年出来总结了一个世纪以来的研究成果，以科学的名义打破了人类为万物之王和中心的堂堂幻想。为了回击黑暗势力的攻击和诽谤，他论证了人不是万物之王，而只是动物进化过程中最后的一个阶段而已，自然界充满着永恒的活力，因此动物、植物以及矿物从不可目睹的微生物演变成为最高形态——人类。""人类中心说的幻想，在科学的成就面前，不得不逐渐破灭，达尔文的理论如今已经深深根植于我们的思想之中。""地球中心说和人类中心说已经消失，而阶级永恒不变的幻想依然存在。""以哥白尼、伽利略和达尔文的理论为基础建立起来的科学，在理论上都以社会主义作为人类社会的最终归宿。社会主义只不过是经济和社会制度的一种自然的和物质的变迁。"①

根据他的犯罪原因理论和犯罪饱和理论，他明确提出，到社会主义社会，绝大多数犯罪会减少，尽管与社会主义社会相适应的犯罪形态还会存在。"我们不相信，在最近或遥远的将来，人类能够消灭全部犯罪。甚至于不能天真地绝对深信，在我们盼望建立在友谊及社会正义基础之上的社会主义社会本身，犯罪、精神病和自杀将会从地球上全部消失。但是，我们坚信，犯罪、精神病及自杀的某些特定形式将会消失，除了由于创伤及自然等因素的影响而产生的、少见的偶发形式之外，其他任何形式的犯罪、精神病及自杀都将完全消失。"②

---

① 参见本书第 20～21 页。

② 参见本书第 56 页。

从今天的情形来看,他对社会主义社会犯罪的预测仍然有失客观,与其同代的许多马克思主义者一样,包含了很大的理想主义成分。

最后,菲利为建立其理想中的社会主义社会做了尝试。他参与重建了意大利社会主义工党,并多次为该党筹款,担任该党中央机关报《前进报》的主编。作为国会内反对党的领袖,他带头阻止过政府提案的通过,发起调查海军当局的渎职行为,就科学、历史、经济、社会等40多个题目向民众演讲,以历史唯物主义的观念教育和发动公众。

至于他晚年与法西斯主义统治的关系,他自己的表述是:从法西斯政权所采纳的刑法草案中看到意大利朝正确的方向迈出了一步,法西斯主义中有一些刑事司法价值,那就是肯定国家权力,反对古典派所倡导的极端个人主义。但是,从理论上讲,他反对其中的许多观念。这很难证明菲利认同法西斯主义,甚至与法西斯主义结盟。事实上,新上台的法西斯政权摈弃了他主持起草的刑法草案,另起炉灶搭了新班子从事这件事。而且,在法西斯主义执政之后,菲利就拒绝连任已经担任了长达38年之久的众议员,对于参议员的提名,他也始终未做答复。从法西斯政权和菲利的这些所作所为看,很难得出菲利认同法西斯主义的结论。

三、菲利的刑事科学思想

如在开头所述,菲利对刑事科学的研究思路体现的是刑事一体化思想,因此他涉猎的领域很广,基本上是把犯罪学、刑法学、刑事诉讼法学和监狱学中当时具有争议的问题都放在一起进行研究，并代表实证派提出了主张，其中包括刑事科学的目的、自由意志、犯罪原因、犯罪预防、犯罪人分类及其对策、无罪推定、死刑制度、陪审团制度、监狱改革等。

（一）主张刑事科学的目的在于解决实际的犯罪问题

菲利主张，刑事科学的目的在于解决实际的犯罪问题，而不仅仅为了如何更恰当地处罚犯罪。在阐述实证派犯罪学产生的历史背景时，他指出："犯罪的祸患与现代文明的繁荣形成了一个阴暗而惨痛的对比。由于生理学和自然科学的巨大进步，人类在19世纪取得了战胜死亡和传染病的重大胜利。但是，另一方面，正当传染病逐渐消失之际，我们却看到道德疾病在我们所谓的文明社会中大量增长；当有了运用实验方法消除各种病因的科学医治手段之后而使得伤寒、天花、霍乱等疾病大大减少时，另一方面我们却看到精神病、自杀和犯罪这三种令人痛心的社会疾病在不断地增长。那么很显然，尽管不是专门但是主要研究这些社会疾病现象的科学感到，有必要发明一种更加准确地诊断这些社会道德疾病的方法，以便进行某种有效和更加人道的治疗，从而在同精神病、自杀和犯罪这三种阴暗现象的斗争中，取得更大的胜利。"实证派犯罪学便是为了适应这一需要而产生的。因为"在意大利，当古典派犯罪学理论发展到顶峰时，另一方面这个国家却存在着过去从未见过的数量极大的犯罪行为的不光彩状况，这确实是一种令人惊异的对比。"[①]"由于意大利人对研究犯罪学有着特殊的兴趣，因

---

① 参见本书第2～3页。

此实证派犯罪学源于我们意大利并不是偶然的。同时，它的诞生也应归结于我国的特殊环境，这种特殊环境即一方面犯罪学理论非常发达，而另一方面实际上犯罪行为又不断增长，这便形成了一个强烈而令人惊异的对比。”①

菲利申明，实证派犯罪学首先研究犯罪的自然起源，然后研究其法律后果，以便通过社会和法律手段提供对导致犯罪产生的原因发挥最大影响的各种救治措施。对于当时依然占主导地位的古典派的批评，菲利声称不用辩驳，因为“我们使用两种不同的语言。对我们来说，实证方法是获取知识的钥匙；对他们来说，从逻辑推理和传统观念中可以得出一切。在他们看来，事实应当让位于演绎；在我们看来，事实应当居于支配地位，任何推理都应当从事实开始。在他们看来，科学只需要纸、笔和墨水，其余都来自装满书籍的大脑；在我们看来，科学需要耗费很长时间逐个审查事实，并对它们进行评估，找出它们的共同点，从中分析出中心思想。对他们来说，演绎或故事足以推翻通过各种观察和分析而积累的无数事实”。

具体来说，实证派刑事科学包括以下几个方面：(1)通过人类学、心理学和犯罪精神病学对作为个体事实的犯罪(罪犯的身体和心理状况)进行科学研究；(2)通过犯罪统计学、专题研究和比较种族学对作为社会事实的犯罪(自然和社会环境状况)进行科学研究；(3)这些科学研究的目的是将预防性质和镇压性质的社会防卫措施系统化。预防性质的社会防卫措施，既可以是通过刑罚替代

---

① 参见本书第6页。

措施实施的间接的或遥远的手段，也可以是通过警察实施的直接的或最近的手段。[1]

在《实证派犯罪学》和《犯罪社会学》中，菲利反复谴责古典派所进行的经院式的、形而上学的研究，一直强调刑事科学的研究目的是为了解决实际的犯罪问题。

（二）反对古典学派的自由意志学说

众所周知，实证派刑事科学是作为古典派的对立面而产生的。但是，作为一个历史唯物主义者，菲利还是充分肯定古典派的历史地位的。从其著作中可以看出，菲利不但充分肯定古典派犯罪学的历史进步意义，而且承认一些古典派犯罪学家对实证派犯罪学的产生起到了很大的推动作用。在谈到对实证派犯罪学的产生起到承上启下作用的具体人物时，菲利历数了弗朗西丝科·卡拉拉、恩里科·佩西纳、基奥凡尼·博维奥、基奥毕铁、弗莱罗、康福铁、蒂索克斯、弗朗基里、马里奥·帕加诺等一大批古典派犯罪学家的名字。[2]

在谈到贝卡里亚时，菲利称："那不勒斯科学学会在犯罪学研究上保持了19世纪意大利人心中的名声，外国学者都不得不承认犯罪学是我们的专长。事实上，除了两大本水平较高的研究罗马法典的著作以及研究犯罪学的应用犯罪学家之外，切萨雷·贝卡里亚的小册子揭开了犯罪学发展史上的光辉一页。"而且，菲利还

---

① 参见"恩里科·菲利"一文。

② 参见本书第4～11页。

特意指出，1764 年，贝卡里亚出版其《论犯罪与刑罚》时，出版日期和地点都是伪造的，因为这本书反映出作者渴望法国大革命高潮的到来。在书中，贝卡里亚猛烈抨击中世纪刑法的野蛮，坚决反对刑讯逼供和死刑，并因此被保守势力称之为“人类正义和道德的破坏者”，还被谴责为“强盗和杀人犯的保护伞”。“在古典派犯罪学创立的伟大历史时期，贝卡里亚也为其时代以一个世纪之后用来反对我们的理由所抨击。”

在谈到古典派犯罪学的历史作用时，菲利称，在古典派犯罪学家的推动之下，死刑在一些国家已被废除，刑讯逼供、没收财产和肉刑也被取消。[①] 他甚至说：“一个实证派学者如果认识不到其前辈在此辉煌而又令人厌烦的领域内进行了反对无知的斗争，并给后人留下了不可磨灭的历史足迹，则足以证明其目光短浅。因此，实证派犯罪学的追随者对古典派犯罪学表示了最诚挚的敬意。”[②]

菲利认为，实证派犯罪学与古典派犯罪学在很大程度上有继承的关系。“古典派犯罪学的历史使命在于减轻刑罚。”“古典派犯罪学实际的辉煌业绩在于宣传了废除中世纪最野蛮的刑罚，如死刑、严刑拷打和肢体刑等酷刑。现在，我们将接过古典派犯罪学的现实的和科学的使命，担负起一种更为高尚而又富有成效的任务——在减轻刑罚的同时减少犯罪。”[③]

但是，菲利及其实证派犯罪学同仁彻底否定古典派犯罪学的理论基础——自由意志学说。菲利指出：“古典派犯罪学和一般公

---

① 参见本书第 10 页。
② 参见本书第 3 页。
③ 参见本书第 45～46 页。

民均认为犯罪含有道德上的罪过，因为犯罪者背弃道德正轨而走上犯罪歧途均为个人自由意志所选择，因此应该以相应的刑罚对其进行制裁，这是迄今为止最流行的犯罪观念。人的自由意志的观念（因果关系是其中唯一不可思议的因素）引出一个假定，即一个人可以在善恶之间自由选择。但是，当用现代实证研究方法武装起来的近代心理学否认了自由意志的存在，并证明人的任何行为均系人格与人所处的环境相互作用的结果时，你还怎么相信自由意志的存在呢？"①

对于自由意志的否定，菲利是从科学对精神病的认识和治疗历史开始的，认为实证派犯罪学所经历的道路与精神病学所经历的历史一样。在那不勒斯大学演讲时，菲利指出："各位可以从萨瓦的达奎恩、法国的佩内尔、英国的哈西·塔克的著作中发现同一例证，他们试图发动一场治疗精神病的革命。我们对这段插曲颇感兴趣，因为它是实证派犯罪学发展道路上的一个极好的例证。精神病同样被认为应当受到谴责是因为精神病患者的行为。19世纪初，赫恩斯医生仍然认为精神病是发病者的道德罪过，因为'除非背弃了善良和敬畏上帝的正轨，没有人会发疯。'"

"按照这种假设，精神病患者就要被关进可怕的地牢、戴上锁链、遭到刑讯和拷打，因为精神病患者的精神错乱行为是出于患者自身的过错。

佩内尔当时发表了其革命思想，主张精神病并非道德过失，而是像其他疾病一样，也是一种疾病。这种观点现在看来已经很平

① 参见本书第9～10页。

常了,但在当时则足以使全世界对这个问题改变态度。看来,佩内尔所提出的革新观点俨然就要把整个世界和人类社会之基础打翻。巴士底狱风暴发生前两年,佩内尔进入撒勒佩特里尔的疗养院,做出了解放锁链束缚下的精神病患者的勇敢举动。他用实践来证明,当解除了精神病患者的锁链时,患者变得更为安静,而不是做出疯狂捣乱和破坏性的举动。佩内尔、恰鲁基等人的这一伟大革新,改变了公众对精神病的态度。以前视精神病为道德罪过,而今因科学之昌明,公众的意识也不得不承认这一事实,即精神病和其他病症一样是一种疾病;一个人患上精神病,并不是他自己愿意那样,而是遗传以及生活环境影响的结果,是在环境的压力下形成精神病的基础,而后变成了精神病人。

实证派犯罪学以医治罪犯的观点完成了与上述几位科学家为医治精神病患者所完成的同样伟大的革新。"①

时至今日,我们仔细想一想,人类对犯罪的认识确实应当与对精神病的认识一致。然而,可惜的是,我们对精神病的认识已经超越了菲利所处的时代的认识,而一般公民和绝大多数立法者、司法者的认识还始终停留在菲利及其实证学派所否定的自由意志学说上。在研究时,从理论上分析犯罪是各方面的原因(仍然未超出菲利的三因素说)相互作用、相互影响的结果,而在实际的处理上仍然以自由意志论为基础,在制定犯罪对策时仍然依赖以自由意志论为基础而建立起来的剥夺和威慑手段。

"实证派犯罪学主张,犯罪人犯罪并非出于自愿;一个人要成

① 参见本书第9页。

为罪犯，就必须使自己永久地或暂时地置身于一种个人的、自然的和道德的状态之下，并生活在从内部和外部促使他走向犯罪的那种因果关系链条的环境之中。”①

菲利从许多方面来证明自由意志论的荒谬。首先，一些古典派犯罪学家的经典著作中关于部分意志自由的观点本身就是对古典派犯罪学意志自由主张的否定。如古典派犯罪学大师马里奥·帕加诺曾经写道：“一个人应对其所犯的罪行负责；如果在其犯罪之际，只有 1/2 的意志自由，应当负 1/2 的责任；如果只有 1/3 的意志自由，则只负 1/3 的责任。”②古典派犯罪学的传统自由意志论是基于个人有完全的意志自由这样的假设来建立的。如果个人在一些情形下只有 1/2 抑或 1/3 的意志自由，那就不是古典派犯罪学所主张的自由意志理论。

其实，古典派犯罪学的自由意志论在历史上是起到了巨大进步作用的。在古典派犯罪学产生之前的中世纪，犯罪被看成是由超人类的力量所决定的，因为宇宙万物都是由神的意志所决定的。犯罪人之所以犯罪是因为他违背了上帝，魔鬼附在了他的身体上。这也就是犯罪学史上所谓的魔鬼附体说。因此，一个人是否犯了罪，要通过神意裁判来决定，对犯罪人的处罚也要根据神的意志来进行，结果出现了种种残酷、不人道的刑讯和刑罚手段。相对于犯罪是由超个人的力量所决定的这样一种流行了多少个世纪的论调，自由意志论主张犯罪是由个人的意志而不是超人的力量所决

① 参见本书第 10 页。
② 参见本书第 11 页。

定的，是认识论上的一大进步。古典派的自由意志论主张："凡是杀了人或盗窃的，只能由拥有无上权力的裁判者来确定他是否出于自愿。"[①]相对于中世纪由神意来裁判嫌疑人是否犯罪来说，这也是一种巨大的历史进步。从更大的意义上讲，是古典派犯罪学自由意志论的产生才使人类结束了借助神学解释犯罪的历史。但是，随着科学的发展，实证派犯罪学认识到，人并没有绝对的自由意志，个人犯罪与否的选择也并不是完全由个人意志所决定的，相反是由菲利所称的个人、自然和社会三个方面的因素所决定的。上述来自古典派内部的所谓部分意志自由说，在一定程度上符合实证派否定自由意志论的主张。

其次，在当时以自由意志论为基础的刑事立法中出现了自然意志与自由意志并行的矛盾情形。"在 1890 年的刑法典中，著名的第 45 条试图要把刑事责任建立在简单意志（simple will）的基础之上，排除自由意志（free will）。"菲利认为，关于刑事责任的这种规定，"是自由意志的陈旧理论与否认自由意志的实证派结论之间相互妥协的产物。"但是，这种折衷方式"是不能解决任何问题的。因为在同一部刑法典中还规定，有过失行为的罪犯同样也要受到惩罚，所以过失杀人和过失伤害也与故意杀人和故意伤害的行为一样，都要处以监禁。我们听说，在有些案件中，也许行为人本来不愿意出现这种结果。但结果又确实为其行为所致。例如：一个猎人隔着障碍物射击，打死或打伤了他人。"这种情形可以被古典派解释为，猎人最初射击的行为是自愿的，"因此仍然要负刑

① 参见本书第 10 页。

事责任”。但是,“对于消极行为引起的过失犯罪应如何规定呢?”例如:火车站的值班员,由于“一时疲倦,或因工作时间过长而筋疲力尽,失去应变能力;或因其他原因,操作人员忘记搬动开关,以致发生交通事故,造成人员伤亡,能说其最初的行为是自愿的吗?绝对不能!因为他并未打算做任何行为,实际上也未做任何事情。”①

此外,1832年,法国采取了一项刑法改革措施,规定了减轻情节。菲利认为,这种减轻情节实际上也是对自由意志的否定,从反面说明了行为人的意志并不是完全自由的。②

菲利还列举了另外一个非常形象的例子来否定自由意志的存在。“例如,你已决定和学友开个玩笑,并且这样做了。但他对此很不友好,使你感到吃惊,因为这与他的习惯和你的预料正好相反。过了一会儿,当你得知他昨天早晨收到家中传来的噩耗而不适宜开玩笑时,你就会说:‘如果事先知道这样,我绝不会与他开玩笑的。’那就等于说,你的意志天平倾向于‘不’的动机时,则决定不为之;但因你不知道学友心境不佳而处于反常状态时,你则决定为之。‘我若知道,绝不会如此’这句话,足以代表我们的内部意识,从而就否定了自由意志的存在。”③菲利认为:“自由意志的幻想来自我们的内在意识。它的产生完全是由于我们不认识在我们做出决定时反映在我们心理上的各种动机以及各种内部和外部的条件。”④

对于自由意志论产生的原因,菲利认为在于当时普遍存在的

---

① 参见本书第12页。

② 参见本书第14～15页。

③ 参见本书第18页。

④ 参见本书第16页。

地球中心说和人类主宰说的神学和哲学基础。而且，在神学和哲学基础之外，还隐藏着一层政治基础，那就是根据地球中心说和人类主宰说而建立起来的社会秩序是不能改变的。“翻开西塞罗的《职务篇》和但丁的《神曲》，诸位可以发现，他们认为地球是宇宙万物的中心，无数行星围绕地球运行，人是万物之王。”①对此，菲利也从神学和科学两个方面进行了反驳。在神学方面，他指出自由意志与上帝万能的这一基本神学理念就不相容。在科学方面，哥白尼和伽利略关于地球围绕太阳旋转的发现粉碎了地球中心说。达尔文的进化论又推翻了人类主宰的幻想。

（三）提出犯罪原因三要素相互作用论

在否定古典派犯罪学的自由意志论即人的选择决定其犯罪与否的基础上，菲利提出了自己的犯罪原因观即著名的三要素相互作用论。

1. 三要素的概念

菲利主张，“在从法律现象的角度对犯罪进行研究之前，必须首先研究各国重复出现的犯罪的原因。这都是一些自然的原因，我曾经把它们分为人类学的、自然的和社会的原因三类。”②

（1）人类学因素

人类学因素“是犯罪的首要条件”，由以下三个方面构成：

一是罪犯的生理状况，包括颅骨异常、脑异常、主要器官异常、

---

① 参见本书第19页。

② 参见本书第27页。

感觉能力异常、反应能力异常及文身等生理特征；

二是罪犯的心理状况，包括智力和情感异常，尤其是道德情感异常以及罪犯文字和行话等；

三是罪犯的个人状况，包括种族、年龄、性别等生物学状况和公民地位、职业、住所、社会阶层、训练、教育等社会生物学状况。①

菲利认为，“我们每个人在出生时都受到一定生理及心理方面的遗传，并在生活中具体表现出来。这就构成了人类活动的个性因素，或在一生中保持正常状态，或趋向于犯罪或精神失常。”“人类学因素是一种病理学上的状态，即刑法第46条和第47条所提及的犯罪人的人格。不过，除精神病之外，罪犯人格方面尚有数十种其他生理和心理学的状态，法官可以用减轻情节来囊括，但科学则极希望对此做彻底的调查研究。”②

根据菲利的解释，谋杀犯和盗窃犯的头形和头部组织学特征比正常人的头形低劣。而且，对被处决的罪犯进行尸体解剖的结果表明，所有这些罪犯都有大脑受到损害的迹象。根据仪器检验的结果，罪犯都有一定程度的感觉迟钝。

罪犯在心理上表现出的异常特征包括无道德感和缺乏预见这样两种心理变态。无道德感是指行为人在犯罪之前对犯罪的意图和实施不反感，在犯罪之后也不懊悔。缺乏预见是由于基本感觉能力低下导致智力低下而造成的。最后，菲利把罪犯心理概括为：“由于那些带有孩童和野蛮人特征的不平衡冲动的作用，罪犯在抵

① 〔意〕菲利：《犯罪社会学》，郭建安译，中国人民公安大学出版社2004年版，第143～144页。

② 参见本书第28～29页。

御犯罪倾向和诱惑方面有缺陷。”①

此外，人类学因素所包括的种族特性对于犯罪的影响也很大。“尽管种族影响不足以解释为民族及个人犯罪的唯一因素，但在研究民族及个人特性时仍不能忽视。例如：研究意大利的杀人罪，尽管很难从促使犯罪产生的其他情况及状态中单独抽出一种因素来，但确有许多受种族影响而杀人的案件。如果忽视种族因素对犯罪的影响，就如同否认日光的存在一样。”菲利以意大利的犯罪趋势为例分析了种族因素对犯罪的影响。“在意大利，有两种几乎完全相反的犯罪趋势。由于热血和肌肉导致的犯罪的强度由北向南逐渐增大，而财产犯罪则由南向北逐渐增加。”“在南部，财产犯罪并不太多，而暴力犯罪则司空见惯。另外，在南部也有一些暴力犯罪为数较少的地方，这除了用种族特性的影响，别无其他任何方式进行解释。”菲利认为，“贝内文托省暴力案件较少的原因在于伦巴第血统的混杂状况，因为自17世纪以来贝内文托公国一直有伦巴第人流入。”伦巴第血统的人暴力犯罪的倾向不大。“此外，在西部和南部西西里各省境内具有大量撒拉逊人血统，这也可以解释成此地暴力犯罪发案率高的原因。”白肤金发黑眼的撒拉逊人的性格比较残酷和残忍。②

在《犯罪社会学》一书中，菲利还特别澄清了龙勃罗梭已经改正，但是依然招致批评的两个错误。“龙勃罗梭的著作开始就犯了两个错误：一是无论如何都给予头骨学和人体测量学资料与心理

① 〔意〕菲利：《犯罪社会学》，郭建安译，中国人民公安大学出版社2004年版，第106页。

② 参见本书第30～32页。

学资料相比显然不适当的重要性；二是在其《犯罪人论》第一版和第二版中混淆了一个阶层中的所有犯罪人。在后几版中，龙勃罗梭运用我首先进行的对各种人类学状态的犯罪人研究的资料，消除了这些错误。但是，这并没有能够避免有些人对犯罪人类学的批评。批评者千篇一律而又古老的理由是‘不可能根据头颅的形状来区别罪犯和诚实的人’，或不可能根据不同的头盖骨来确定人的责任。”[①]这两个错误也一直是人们对实证犯罪学派进行抨击的口实。尽管龙勃罗梭自己后来已经改正了这两个错误，但是在我国仅仅根据间接资料对龙勃罗梭和犯罪人类学派的批评仍然不断。

菲利认为，人类学方面的因素仅适用于惯犯和天生犯罪人。他声称：“通过对犯罪人类学著作的研究，特别是通过从生理学和心理学角度对大量精神错乱和智力正常的罪犯的直接的、连续不断的观察，我长期以来一直确信，犯罪人类学资料并非完全适用于所有犯罪人。这些资料仅限于一定数量的、可以称其为先天性的、不可改造的和习惯性的罪犯之类的人。”[②]

(2) 自然因素

按照菲利的说法，犯罪的自然因素是我们生活于其中，但并未予以注意的自然环境。其中包括：“气候、土壤状况、昼夜的相对长度、四季、平均温度和气象情况及农业状况。”[③]

---

① 〔意〕菲利：《犯罪社会学》，郭建安译，中国人民公安大学出版社 2004 年版，第 101 页。

② 同上书，第 107 页。

③ 同上书，第 144 页。

菲利从三个方面论证了自然环境对犯罪的影响。

一是自然因素对经济状况的影响很大。恶劣的自然环境可能导致贫穷,而"贫穷是人体及灵魂的最剧烈的毒药,是一切不人道和反社会情感产生的根源。哪里有贫穷,哪里就不可能有爱和友情"。

二是自然因素直接作用于个人,对个人的行为产生影响。菲利指出:"自然环境通过神经系统对我们的身体运动有很大影响。刮北风与刮南风会使我们感觉到身体状况不同。加里波第在潘帕斯大草原时曾注意到,当潘帕斯冷风吹来时,同伴们就变得暴躁、容易争吵。潘帕斯冷风停止时,他们的行为就改变了。"

三是季节对犯罪的变化具有明显的影响。菲利指出,"犯罪统计学的伟大创始人奎特里特和奎里发现,犯罪行为随季节的变化而变化。冬天发生的性犯罪要比春天和夏天少。对此,我以前这么认为,今天还这么认为,如果冬天的财产犯罪增加,那是气候和社会因素综合作用的结果。""但是,寒冷的冬天本身就减少性犯罪和暴力犯罪。"而且,"暴力犯罪在温暖的月份比在冬日里增加的变化规律也适用于囚犯。统计资料表明,犯人违反纪律事件在炎热的季节发生得最多。由于监狱的社会生活四季相同,社会因素并不对其产生影响,因此可以说,这是一个气候影响犯罪的实际例证。此外,夏季精神病患者中精神病及癫痫症发病率比冬季高的事实也证明了这一点。"[①]

(3) 社会因素

菲利将社会因素概括为"任何足以使人类社会生活不诚实、不

---

① 参见本书第32~34页。

完满的社会条件。”其中包括人口密集、移民情况、公共舆论、习俗和宗教、家庭状况、教育制度、农业和工业生产和分配状况，以及政治、财政和商业生活、酗酒情况、公共管理、司法、警察、一般立法情况、民事和刑事法律制度等。

在社会因素中，菲利特别强调贫穷对犯罪的影响。从宏观上，他认为，“分析一下意大利每年判处的 30 万名罪犯，其中 18 万人犯的是轻微罪行，12 万人犯的是严重罪行。你很容易就能看出他们之中大部分人主要是由于社会环境造成的，而为这种社会环境觅一补救措施应当并不困难。”[①]

从微观上，他仔细分析了贫穷如何影响人的情感和道德，进而可能导致犯罪。“当一个工人从烟雾弥漫的工厂回到家里，与艰苦奋斗了半个世纪的白发老母会面时，虽然感到疲劳，但每日的三餐有了着落，心中尚有表示感情的余地，便殷勤地邀其老母共进晚餐。但是，同样一个工人处于同样的环境之下，如果被贫穷和失业困扰，其家庭道德气氛的变化将如同昼夜一样分明。工人失业，空手回到家中，妻子不知如何哺育子女，便因家庭生活困苦抱怨丈夫。丈夫多次被拒之于就业事务所门外，深感不能就业，昔日在家中的尊严也难保全。因此，全家感情松懈，家庭成员不睦。其母见儿子举止暴躁，缺乏情爱，便深感儿子为贫穷所毒害，或许正像魔鬼一样看着他，心里在说：‘在家中多一张嘴吃饭，还不如墓地上多一个坟头呢！’”“一个人由于不断加剧的贫穷而动摇其道德信念并有可能去侵犯财产或侵犯人身罪，是可以理解的。”

① 参见本书第 34 页。

菲利还阐述了贫穷之外的政治、道德及文化生活中的不安定等其他社会因素，特别是富裕对犯罪的影响。“在财富增长的情形下，经济因素也发挥滋生犯罪的作用。确实，今天的社会是由19世纪的人类黄金时代——资产阶级文明阶段过渡而来的下降阶段，财富本身就是犯罪的一个原因。因为富者不从事体力和脑力劳动，便会陷于闲荡和腐化的漩涡之中。他们沉溺于赌博、金钱之争，日常生活已受到毒害。尽管这些富人可以逃避刑罚，但他们却使自己陷于缺乏道德情操的伪善生活之中。这种生活导致嬉戏式犯罪的产生。在赌博中进行欺诈，是这些寄生虫命中注定的。为了消磨时间，他们或置身于靠运气取胜的赌场，或进行通奸活动。由于精神空虚，即使在良友之间亦行此道。”①

2. 三要素之间的关系

在分析这三个因素之间的关系时，菲利首先提出，任何犯罪都是这三种因素综合作用的结果。“犯罪的自然根源就在于三类原因即人类学因素（生理及心理因素）、自然因素和社会因素的相互作用和结合。”②

他认为：“任何一种犯罪，无论是谁犯的，也无论是什么情况下犯的，都不能认为它不是行为人自由意志的选择就是自然原因的必然结果。”“除非认为犯罪是特定生理和心理构成在特定自然和社会环境中作用的结果，不能对犯罪做出任何其他科学的解释。

① 参见本书第35页。
② 参见本书第34页。

实际上,对人或动物的其他任何行为来说都是如此。”①

“无论哪种犯罪,从最轻微的到最残忍的,都不外乎是犯罪者的生理状态,其所处的自然条件和其出生、生活或工作于其中的社会环境三种因素相互作用的结果。如果在一开始就将这三种原因分开,那是徒劳的。但现在仍然有人坚持犯罪可以由某一方面的原因如社会原因所致。就我个人而言,我在实证派犯罪学创立之时就反对这种观点,今天仍然反对。”

“客观而系统的观察已经表明,尽管社会环境的影响存在于多数案件,尤其是一些轻微案件之中,这是铁的事实。但是,仅此一种原因,尚不足以解释为犯罪的起因,不能仅用社会环境影响进行解释的犯罪比比皆是。如果你认为贫穷的一般状况是犯罪的唯一根源,那么就很难解释,为什么在贫困中生活的人,从出生一直到死,只有10%~20%的人成了罪犯,而其余80%的人或是陷于体质衰弱,或是成为无害的精神病患者,或是自杀而不犯任何罪行。如果贫穷是决定犯罪的唯一原因,贫穷者则应该100%地成为罪犯。如果仅有20%的人犯罪,10%的人自杀,10%的人成为精神病患者,剩下60%的人仍然在其所处的社会环境中安分守己,那么单单贫穷尚不足以解释犯罪,我们必须再加上人类学及自然方面的因素。只有用这三种自然因素的影响,才能解释犯罪行为。”②

其次,菲利认为,这三个要素本身之间存在着互为因果的关系。他声称:“我们必须认识到原因与结果的区别只是相对的,因

---

① 〔意〕菲利:《犯罪社会学》,郭建安译,中国人民公安大学出版社2004年版,第145页。

② 参见本书第27~28页。

为每一个结果都有其原因，每一个原因也都有其结果。因此，如果不幸——物质的和精神的——是变态的原因，那么像生物学上的异常这样的变态本身也是不幸的一个原因。而且，如果从这个意义上讲，这个问题就像关于先有蛋、然后有鸡，还是先有鸡、然后有蛋这样一个著名的拜占庭式的争论一样，完全是形而上学的。”①

“当犯罪地理学表明某省的犯罪程度和数量不是由生物学状况（种族等）和自然状况（气候、土壤等），而是由社会和经济状况（农业和工业状况等）决定时，我能对此做出一个简单的回答。因为即使撇开统计学的证据不论，如果某省的社会环境（对犯罪具有不容置疑的影响）实际上是犯罪的绝对的和唯一的原因，那么我们仍然可以问，这个省的社会环境本身是不是其居民的精力和智力等种族特性与在一定程度上适宜的气候和土壤的结果呢。”②

“所有这些一般事实都将证明，犯罪与其各种因素的聚合体之间存在着紧密的内在联系。”③

最后，菲利提出，这三个要素在不同类型的犯罪中所发挥的影响不同。“人类学因素、自然因素和社会环境的相对作用随着每一种违法行为的心理学和社会学特征不同而不同。”④

① 〔意〕菲利：《犯罪社会学》，郭建安译，中国人民公安大学出版社 2004 年版，第 148～149 页。

② 同上书，第 149 页。

③ 同上书，第 162 页。

④ 同上书，第 147 页。

“人类学、自然及社会三方面因素的影响大小，在每一个案件中各不相同。单单在盗窃案件中，社会因素的影响远比人类学因素的影响要大。但在谋杀案件中，人类学因素的影响则比社会因素的影响要大得多。在所有案件中，我们都必须根据犯罪人的情况进行判断。”①

“如果我们研究侵犯人身、侵犯财产和侵犯个人贞洁这三大类犯罪，那么各种决定因素，尤其是生物学因素和社会环境对杀人、盗窃和猥亵奸污罪的产生具有明显不同的作用。在每一种犯罪中，这三种自然因素的作用都是如此。

社会环境，尤其是经济状况对盗窃罪的产生具有不可否认的作用，但对杀人和猥亵奸污罪的产生所起的作用则要小得多。同样，三种犯罪原因在每一种犯罪中所起的作用都因犯罪的种类不同而大不相同。

就杀人和偶然杀人来说，偶然杀人在很大程度上是社会环境（赌博、酗酒、公共舆论等）的结果，而杀人则更倾向于由于行为人的残忍、无道德感和因生理变态导致的精神病理学状况而产生。

同样，有些猥亵奸污和乱伦等罪，在很大程度上是大批人被迫居住在不通空气或阳光、父母子女像牲畜一般男女混居这样一种社会环境的产物。这样的社会环境使人的正常羞耻感淡漠，甚至于完全消失。此外，还有一些主要由于行为人的生物学状况（在明显的性疾病或不太明显的生物学异常的状况下）而引起强奸犯罪的例子。

① 参见本书第28页。

其次，就盗窃来说，偶发性简单盗窃主要是社会和经济状况的影响造成的，但在暴力盗窃中，特别是以抢劫为目的的凶杀（通常为‘那些绅士打扮的扒手’蓄意所犯）这样一些案件中，这一影响与行为人的生理和心理构成的影响相比要小得多。

这一观察结论也同样适用于自然环境的影响。例如，如果说侵犯财产罪在冬天有规律的增长……仅仅是气候通过社会和经济状况的影响而间接作用的结果，那么激情犯罪和猥亵奸污罪在气温最高的月份和年份里的增加也只不过是气候影响的直接结果，甚至于对那些通过其生物学状况对这些影响可以起到微弱抵御作用的人来说，也是如此。”①

菲利把犯罪的周期性变化主要归咎于社会因素的影响。“即使在像年龄和性别等对犯罪的影响以及在一定程度上显著的反社会的变态倾向这样一些人类学因素中能够发现的变化，也同样取决于像被遗弃婴儿的保护、妇女参加非家务性质的商业和工业生活、预防和镇压措施等这样一些社会因素。此外，由于社会因素对偶犯和惯犯都有一种特别重要的影响，而这些犯罪从整体上看又是数量最多的，因此我们显然应当把犯罪的周期性变化归结为社会因素的作用。事实确实如此，就像我们现在将要看到的，最严重的犯罪，尤其是侵犯人身罪，恰恰因为它们多半为天生犯罪行为而表现出来的周期性变化，往往比那些程度轻微但数量众多的侵犯财产罪、妨害公共秩序罪和更带有偶然性的侵犯人身罪的变化要

---

① 〔意〕菲利：《犯罪社会学》，郭建安译，中国人民公安大学出版社2004年版，第147～148页。

稳定并且更有规律。其实,作为犯罪界的微生物,后面这些犯罪是社会环境更直接的结果。”①

菲利发现,在他所处的时代,他所研究的国家中有一个最显著的一般现象,就是最严重的犯罪稳定不变,比较轻微的犯罪持续增长。这与菲利的上述认识是一致的,最严重的犯罪都是侵犯人身性质的犯罪,往往是天生犯罪人和精神病犯罪人从事的,受社会因素的影响不大;而轻微犯罪都是侵犯财产性质的犯罪,多为偶犯所为,受社会环境的影响较大。如经济危机和政治危机明显导致侵犯财产罪增加。②

在论述犯罪的周期性变化时,菲利还谴责了犯罪统计政治化的倾向。“古典派的拥护者清晰地看到……为了支持或攻击某一个部门就否认或肯定犯罪的增长。”龙勃罗梭、菲利、加罗法洛等犯罪学家都认为,1880 年之后意大利的犯罪在增长,而官方统计报告和中央司法统计委员会成员对 1873 年以后的犯罪进行调查时,却得出了除个别年度之外犯罪趋于下降的趋势。

菲利把这种做法称之为“社会人为化”偏见。“这种偏见使人们认为国家状况——道德的和经济的——主要是由这个或那个政府的行为决定的,而不是由基本不为政府和政客所影响而且并非政府和政客力所能及的自然因素决定的。”③他声称:“欧洲每个国家犯罪的一般增加,除了不同法典的人为因素之外,都是由其他原

① 〔意〕菲利:《犯罪社会学》,郭建安译,中国人民公安大学出版社 2004 年版,第 150～151 页。

② 同上书,第 151～153 页。

③ 同上书,第 153 页。

因决定的。各种自然和社会环境中最一般和最持久的原因是每个国家的人口每年都在增长。人口的增长，再加上人口密集，使得人们相互之间的实际的和法律的联系增多，结果便增加了犯罪的主观和客观因素。”①

菲利抨击的这种犯罪统计政治化的倾向至今依然在许多国家存在，而且严重束缚和制约着科学地制定预防犯罪的目标和对策，实际上导致犯罪进一步增长。

3. 犯罪饱和论

根据以上对犯罪原因的分析，菲利推导出了其著名的“犯罪饱和论”：每一个国家客观上都存在促使犯罪产生和变化的这三类因素，但是这三类因素又是不断变化的，这些因素的变化将引起犯罪现象的变化。因此，“每一个社会都有其应有的犯罪……其质和量是与每一个社会集体的发展相适应的。”他认为，“艾米特莉特的古老格言是可以坚信的：‘犯罪也有年终平衡，其增多与减少比国民经济的收支还带有规律性。’”②

“就像我们发现一定数量的水在一定的温度之下就溶解为一定数量的化学物质但并非原子的增减一样，在一定的自然和社会环境之下，我们会发现一定数量的犯罪。”

“每一年度犯罪的多少显然都是由不同的自然和社会环境，按照犯罪饱和法则……与行为人的遗传倾向和偶然冲动相结合而决定的。”“自然的和社会的环境，借助于行为人先天遗传的和后天获

① 〔意〕菲利：《犯罪社会学》，郭建安译，中国人民公安大学出版社 2004 年版，第 161 页。

② 参见本书第 43 页。

得的个性倾向及其他偶然的刺激，必然决定一个国家某一时期的犯罪在质和量上的程度。”

“通过一本犯罪统计表，我就能够根据犯罪的波动情况从主要方面重新勾画出这一个国家的历史状况。在这方面，心理验证再次证实犯罪饱和法则是一条真理。”①

此外，菲利声称，在一般情况下，各国的犯罪都按照饱和法则变化。但是，在社会环境异常的情况下，还会发生超饱和现象。他指出：“我们发现，在化学中除正常饱和之外，增加液体的温度会导致一种异常的超饱和状态。在犯罪社会学中也是如此，除了正常饱和之外，由于社会环境的异常，我们有时也发现一种犯罪的超饱和状态。”②

菲利辩称，爱尔兰和俄国的政治和社会犯罪以及美国选举过程中的犯罪都是犯罪超饱和状态的例证。③ 他还详细分析了法国在 19 世纪中叶发生的包庇犯罪和盗窃粮食罪的情况，以证明犯罪超饱和状态的存在。在 1850～1853 年的 3 年间，法国发生了 239 起包庇犯罪，而在 1826～1887 年这 40 年中，平均每年才发生 10 多起；在 1847 年的饥荒年间，法国 1 年发生了 42 起盗窃粮食案，而在正常年景的 50 年里，也只不过发生 75 起。然而，在粮食昂贵或冬季严寒的年代中，许多人为了在监狱里维持生计而犯偷窃或其他轻微罪行，其他类侵犯财产罪却在饥荒年间有所下降，因

① 〔意〕菲利：《犯罪社会学》，郭建安译，中国人民公安大学出版社 2004 年版，第 163～164 页、第 216 页。

② 同上书，第 164 页。

③ 没有提供详细统计资料。

此成为犯罪统计学上的一个悖论。

此外，在1847年这个饥荒年头，法国的侵犯财产罪以前所未有的速度增长，"唯独家庭佣人所犯的盗窃罪和不忠行为或违背信任的罪行下降了，因为佣人们担心在这种困难时期被主人解雇，失去生活保障而推迟了违法行为。"

而且，还有证据表明，"在饥荒和粮食昂贵这样的经济危机时期，从司法机关脱逃的案件也减少了，'因为盗窃犯和流浪者为了逃脱监狱外面使其备受痛苦的灾难而情愿被捕。'"

菲利指出，由于犯罪超饱和现象的存在，不能认为犯罪具有机械的规律性。一些犯罪学家扩大了犯罪饱和法则的规律性，机械地坚持："犯罪预算是一种比其他预算支付得更为精确的年税。"而且，由于"犯罪每年产生的数量都相同，每年都有同样比例的犯罪被处以同样的刑罚"，我们能够事先算出一年将会有多少杀人犯、投毒犯和伪造犯。其实，真正的犯罪饱和法则是指一定的自然和社会环境与犯罪数量之间成比例，犯罪的数量随着环境的变化而变化，犯罪统计决不会一年又一年地保持一个标准。这里存在的是一种动态而不是静态的规律性。因此可以得出一个结论，那就是犯罪现象并不是宿命的或人类命中注定的不可改变的命运，而只不过是由其原因所决定的，通过改变其原因的活动可以改变原因的结果本身。[①]

① 〔意〕菲利：《犯罪社会学》，郭建安译，中国人民公安大学出版社2004年版，第166页。

菲利的三要素犯罪原因理论首次以多因素论来解释犯罪的成因，“标志着犯罪学多因素理论的建立。与单因素论相比，多因素论不仅仅反映了犯罪现象本身的复杂性，而且也反映了犯罪学研究水平的又一提高。这无疑是犯罪学发展史上的一大进步。”①而且，他还详细分析了三要素之间的辩证关系、三要素起作用的方式、三要素对不同犯罪的影响以及根据三要素理论推导出的犯罪饱和法则。通过对大量罪犯、精神病人和士兵样本的临床个案研究以及对法国近50年犯罪状况与社会发展状况之间关系的分析而得出的上述许多结论，无论是从结论本身看，还是从获得结论的方法上看，对目前的犯罪成因研究都具有非常重要的示范作用。我国学者前一个时期热衷的犯罪原因结构说、系统说、体系说等，不但在苏联学者的著作中可以找到踪迹，而且在菲利的三要素理论中也可以得到启示。特别是在研究方法上，我们所得出结论的方法还没有达到百年前菲利所使用的方法的水平。

(四)科学地实施犯罪预防

尽管菲利通过对犯罪原因的分析推导出了上述“犯罪饱和论”，但是他主张实证主义者不对此进行任何宿命论的解释，犯罪绝不是我们不可改变的命运。“事实上，犯罪的差额是由物质条件和社会条件决定的。通过改变最易改变的社会环境，立法者可以改变自然环境及人的生理和心理状况的影响，控制很大一部分犯罪，并减少相当一部分犯罪。我们深信，一个真正文明的立法者，

---

① 储槐植、许章润主编:《犯罪学》，法律出版社1998年版，第26页。

可以不过多地依赖刑法典，而通过社会生活和立法中潜在的救治措施来减少犯罪的祸患。最先进的国家依靠在有效的社会改良基础上的刑事立法的有益的、预防性的影响来减少犯罪的经验，都肯定了这一点。”①

1. 科学地制定预防目标

菲利反复强调，预防犯罪的目标必须科学，不能不切实际，脱离犯罪饱和法则。

“如果我们通过减少犯罪的社会因素可以影响犯罪，尤其是偶犯生成的说法是正确的，那么不幸的是，在每一种社会环境中，由于其他生物学因素和自然因素的影响，都总是在最低程度上存在导致无法避免的犯罪产生的因素的说法也是正确的。否则，我们很容易陷入我们完全能够防止所有犯罪这样一种相反并且近乎谬论的幻想中去。”

“而且，尤其必须牢记，因为社会不可能没有法律而存在，所以法律也不可能没有违法而存在。生存竞争可以通过诚实的或经济的活动进行，也可以通过不诚实的犯罪活动进行。问题就在于把不同程度的犯罪波动减小到最低限度。”

“刑罚替代措施的目标不是使所有重罪和轻罪都不可能产生，而是在任何特定的自然和社会环境下都力争将它们减少到最小的数量。”②

菲利的这些论述具有很大的唯物主义的成分，对于我们今天

① 参见本书第 44 页。

② 〔意〕菲利：《犯罪社会学》，郭建安译，中国人民公安大学出版社 2004 年版，第 211～212 页。

制定预防犯罪的目标依然具有很大的指导意义。

2. 针对犯罪原因采取预防对策

菲利认为,"在社会生活中,刑罚与犯罪的关系和医学与疾病的关系一样。在有机体生病以后,我们求助于医生。但是,医生除了对某个病人的治疗取得效果以外,不能做其他的事。然而,如果个人和集体都遵守预防性卫生规则,则有90%以上的疾病可以避免,只有在创伤或生理状态不符合健康规则的特殊情况下才会出现疾病。"

"医治犯罪疾患的手段应当适应导致犯罪产生的实际因素。而且,由于导致犯罪产生的社会因素最容易消除和改善,因此我们同意普林斯的观点:'对于社会弊病,我们要寻求社会的治疗方法。'""实验逻辑使我确信,除非事先消除或者至少减少犯罪的社会因素,刑罚不是预防犯罪的有效措施。""社会对犯罪现象所能采取的最有效、最有力的防卫措施是双重性的,而且应当同时采用和实施两种措施:一是改善社会环境,对犯罪进行自然的预防,并以此来代替刑罚;二是永久性或临时性地消除罪犯,依据行为人的生物学状况在犯罪形成过程中的影响几乎是绝对的,或者在一定程度上是大的,或者在一定程度上是可以治愈的来定。"①

3. 谴责对刑罚的盲目崇尚

菲利认为,古典派自由意志论导致社会在寻求犯罪的救治措施时过分依赖刑罚,甚至达到对刑罚盲目崇尚的程度。他对此予

① 〔意〕菲利:《犯罪社会学》,郭建安译,中国人民公安大学出版社2004年版,第181、150页。

以谴责:“立法者常常忽视社会卫生规则,当某种犯罪猛增时才大吃一惊,但除了加重刑法典中规定的刑罚之外,别无他计可施。如果1年监禁不够,就加重为10年。如果仅凭加重处罚还不够,那就通过一个特别法。这是我们在每一个现代国家里都能看到的状况,而造成这一状况的原因主要在于盲目崇尚刑罚。”①

对于盲目崇尚刑罚的含义,菲利解释道:“盲目崇尚刑罚是指刑罚成为公共意识中的唯一措施,但由于它不能保护诚实者的社会,只能打击而不能医治那些陷入犯罪深渊的牺牲者,因此总是造成有损于道德及物质福利的情形。”②

“天生犯罪人和偶犯构成了各种杀人和盗窃中的大多数。监狱长们称之为‘惯犯’。先从警察局到法院,从法院到监狱,然后再从监狱到警察局,从警察局到法院。他们这样有条不紊地转来转去,仍然未能动摇立法者对作为犯罪救治措施的惩罚效果的信念。”③

他还举伪造货币的例子来证明刑罚威慑的无效。“犯这种罪的伪造者,必须聚精会神地逐字模仿纸币上的文字,其中包含有威吓性的一段话:‘法律处罚伪造……’等。诸位可以想象伪造者在版上刻下这句话时的心理。”他伪造货币的欲念不会因为他意识到如果被发现将会受到处罚而打消,因为他本身想的不是犯罪被发现之后将要受到的处罚多么严厉,而是想在犯罪之后如何逃脱惩

---

① 参见本书第49页。

② 参见本书第49页。

③ 〔意〕菲利:《犯罪社会学》,郭建安译,中国人民公安大学出版社2004年版,第122页。

罚，刑罚再严厉也是不能抑制其犯罪意念的。[①]

菲利主张，刑罚的威慑对社会上善良的诚实者用不着，对人们观念中的恶人又不起作用，而只对在善恶之间徘徊的很少一部分人有效。

运用中学校长将中学生分成勤奋学生、无知和懒惰学生以及既不完全勤奋又不完全懒惰的学生的方法，菲利"根据犯罪社会学的观点，将社会分成三个类似的阶层"。

"第一个阶层是最高阶层。他们基本上是诚实的，由于受道德、宗教感和公众舆论及遗传的道德习惯的约束而不犯任何罪行。对于这个阶层来说，任何刑法典都是不必要的，只可惜这部分人的数量太少。而且，如果除了法律上的和明显的犯罪之外，我们再考虑到许多人针对刑法典而言没有犯罪，但从道德观点来看是不诚实的，除去这部分人，那种最高阶层的人数就更少。"

"第二个阶层是最低阶层，由那些抵制各种诚实情感的人组成。由于未受过教育，他们不断被物质和精神上的双重贫乏拖回到生存竞争的原始状态中去。他们从其父母那里继承了变态的生理结构，再加上退化和隔代遗传的疾病又一并传给他们的子女。这就成了天生犯罪人的滋生地。对于这种天生犯罪人来说，作为法律威慑的刑罚没有任何意义，因为他们不具备能够区分刑罚与其他从事各种日常的诚实工作时所产生的危险的道德感。"

"最后是第三个阶层。这个阶层的人并不是天生注定要犯罪，但也不一定诚实，在善与恶之间徘徊。他们的道德感、所受的教育

---

① 参见本书第26页。

和训练不完善。刑罚对他们可以真正起到心理威慑的作用。正是在这一阶层中产生了大批偶犯。对于这些偶犯来说，如果在执行刑罚过程中能够遵循科学的心理学规律，而且尤其再附之以减少犯罪机会的社会预防措施的话，就会产生效果。”①

菲利坚决反对死刑，声称人们只是根据自己对死刑的印象来主张其威慑作用。“当我们不是根据我们自己作为一般人对死刑的印象平静地从理论上研究它，而是运用作为这种刑罚的唯一真实的观察结论的犯罪心理学资料来研究它时，其预防和威慑效果就很值得怀疑了。每一个犯罪的人，不是在犯罪时没有想到其他任何事情而只为突然的情感所左右，就是冷静地有预谋地实施其犯罪行为，而且他决定实施其犯罪行为完全不是根据死刑与终身监禁之间的含糊区别，而是只根据一种不受惩罚的愿望。这种情况在那些缺乏预见和缺乏道德感是其主要心理特征的天生犯罪人中尤其多见。”

“死刑是一种简单的万灵药，远远不能解决像严重犯罪这样复杂的问题。”“统计资料实际上已经表明，严重罪行的周期性变化与判决和执行死刑的数量无关，因为它是由完全不同的原因决定的。在托斯卡纳地区，已有一个世纪没有适用过死刑，但它仍然是严重犯罪数量最少的地区之一；在法国，尽管一般犯罪和罪犯数量增加了，但有关谋杀、投毒、弑亲和杀人的控告却从1826年的560起下降到1888年的430起，而执行死刑的数量在同期也从197次下降

① 〔意〕菲利：《犯罪社会学》，郭建安译，中国人民公安大学出版社2004年版，第179～180页。

到9次。”

菲利认为，如上所述，死刑实际上没有我们常人想象的那种威慑效果，而只有一些极端刑法学家和犯罪学家所主张的对那些以犯罪形式表现出来的完全不适应社会和对社会有危险的人进行“人为淘汰”的效果，然而要使死刑发挥这种“人为淘汰”的效果，就必须像中世纪那样，大规模地适用和实际执行死刑。

否则，“死刑就会被当作仅仅印在法典中的一种无益并且被忽视的威慑手段”，就像“那些庄稼人摆在田里的稻草人。那些摆稻草人的庄稼人愚蠢地想象鸟会因为害怕而不敢接近谷物。乍一看，鸟可能有点害怕。但是，过不多久，鸟看那些稻草人不动，也不可能伤害它们，便不再害怕，甚至于在那些稻草人的头顶上落脚。因此，当犯人看到死刑永远不适用或者几乎不适用时，就会像鸟对待稻草人一样。罪犯不是通过法典中的规定，而是通过法律的实际运用来判断法律”。

菲利声称，他“无疑没有勇气恢复中世纪消除罪犯的方式，因此仍然是一个诚服的死刑废除论者”。[①]

菲利发现，对刑罚效果的错觉如此普遍，有其历史的和心理学方面的原因。在历史上，私人决斗是“最早期刑法的精神和形态，而且在现代社会中仍然在一定程度上无意识地残存着原始复仇的基本原则”。中世纪的酷刑传统的遗留影响至今还在很大程度上影响着人们。

① 〔意〕菲利：《犯罪社会学》，郭建安译，中国人民公安大学出版社2004年版，第298～302页。

在心理学上，人们盲目崇尚刑罚是因为他们忘记了不同社会阶层的人在观念、习惯和情感方面都有很大不同。“诚实而有教养的阶层将他们自己的刑法观念对他们造成的印象与大多数罪犯产生于其中的社会阶层对刑法的观念和印象混为一谈。掌握立法和司法权的中产阶级总是以他们自己对刑罚的印象来对产生于更低社会阶层的罪犯规定和适用刑罚。在中产阶级中，即使没有对不履行债务者处以监禁的法律规定，债务合同照样履行。而在低社会阶层中，即使有这样的规定，合同照样不能履行。”菲利自己在监狱中曾经就刑罚为什么不能阻止被监禁的罪犯犯罪而进行过调查。调查的结果是，在一般情况下都得不到回答，因为罪犯根本就没有想过这一点。不然，得到的回答就是：“如果你担心工作会伤了自己，那就干脆别去工作了。”对于低阶层的人来说，诚实的情感和思想产生得太晚了。①

“罪犯自然要根据自己的经验判断刑罚，也就是说根据实际运用的刑罚而不是立法者在一定程度上直言相告的威胁来判断刑罚。”“只要刑罚是含混和不确定的，他们就不会感到恐惧，而总是屈服于一时的意念，屈服于犯罪的冲动。”②

为了阐明刑罚的效果，菲利还对刑罚的自然属性和社会属性进行了区分。“我们必须区分作为自然惩罚的刑罚和作为社会惩罚的刑罚，以领会自然刑罚所具有的确实很大的效力是如何几乎完全消失在社会刑罚之中的。”“对每一违法行为的沉默但无情的

---

① 〔意〕菲利：《犯罪社会学》，郭建安译，中国人民公安大学出版社2004年版，第183～184页。

② 同上书，第185～186页。

自然抵制和违法人难以逃脱的痛苦结果构成了一种最有效的镇压。在这方面,每一个人,尤其是在早期生活年代,都接受了日常绝不能忘记的教训。这是自然结果的惩罚,是真正的教育方法。”“在这种自然的、本能的方式中,刑罚从其结果的不可避免性中产生全部威力。在刑罚中,尤其是在死刑中,刑罚的确定性比严厉性更有效……”而且,“即使很小的不确定性也会大大削减我们所担心的痛苦的抵御力量,即使很大的不确定性也不会打消我们所希望的快乐的吸引。”

“在这一点上,我们觉得法律惩罚效果不大的一个重要原因就是行为人想象有许多逃脱的机会。首先,存在着不被发觉的机会,这是预谋犯罪产生的最强大的原动力;其次,在被发觉之后,存在着证据不足、法官仁慈或者受骗、在错综复杂的审判过程中不被判刑以及由于宽大而撤销或减轻判决、课刑的机会。”

“还有另外一种既削弱自然惩罚的效力又几乎完全抵消了社会惩罚的效力的心理状况,那就是没有预见。实际上,我们知道,缺乏预见的人即使对最确定的自然后果也满不在乎,因此这种后果在保证他们不从事违反自然的危险行为上也失去了大部分效力。关于法律惩罚,即使撇开感情冲动,大家知道,罪犯——偶犯和其他罪犯——也与野蛮人和小孩一样,特别没有预见。这一弱点在缺乏教育的较低阶层中特别明显,而在罪犯中则完全是一种心理疾病的症状。”①

---

① 〔意〕菲利:《犯罪社会学》,郭建安译,中国人民公安大学出版社 2004 年版,第 187~188 页。

菲利主张，社会对犯罪的反应不能过于直接、简单，特别不能以暴制暴，而应当间接地通过心理力量系统来实现惩罚和防止犯罪的目的。“如果我们要使自己适应心理学和社会学规律，我们的防范措施必须向避免使社会对犯罪的反应过于直接这一方向发展。”“社会与罪犯之间的不停斗争也不是一种直接对抗个人身体力量的自然的和社会的力量，而应当是一种间接的心理力量系统。”“用暴力来矫正暴力总不是一种好办法。在中世纪，刑罚很严酷，但犯罪也同样残忍。社会在与罪犯的残暴之间的斗争中失去效力时便会恶性循环。”

“总之，我们关于刑罚效力的理论，就像某些论据不充分的批评家坚持的那样，不在于绝对否认，而特别在于反对认为刑罚是最好和最有效的犯罪预防手段的传统偏见。”①

4. 利用“刑罚的替代措施”预防犯罪

菲利进一步阐述了预防与镇压的关系，进而提出了我们在一个世纪之后才归纳出的预防为主的观点。“进一步说，这种预防一直被认为是镇压的辅助物，而我们却得出了下述相反的实证结论：预防并非仅仅是第二位的辅助手段，今后应当在社会防卫中起主要作用，因为镇压对犯罪现象所起的作用很小。”②

“如果刑罚的抵御难免要与犯罪行为相对立，用其他间接的更有效的手段防止和减少这种行为对社会秩序更有益。”“经济领域的研究已经发现，当某种日常用品缺乏的时候，为了满足人们的自

① 〔意〕菲利：《犯罪社会学》，郭建安译，中国人民公安大学出版社2004年版，第189～190页。

② 同上书，第214页。

然需要，必须求助于比较低价的替代品。因此，在犯罪领域，因为经验使我们确信刑罚几乎完全失去了威慑作用，所以为了社会防卫的目的，我们必须求助于最有效的替代手段。”“我称这些间接的防卫手段为刑罚的替代措施。但是，食品的替代物一般只是临时食用的次要物品，而刑罚的替代措施则应当成为社会防卫机能的主要手段，因此刑罚尽管是永久的，但却要成为次要的手段。”①

（1）经济领域的替代措施

菲利认为，经济领域有许多措施可以起到预防犯罪的作用。例如：自由贸易、移民、税收、基础设施工程、货币改革、住房建设、发展救济和慈善团体等。

自由贸易可以防止饥荒和食品价格过高，起到防止犯罪，尤其是防止侵犯财产罪的作用。

“无限制的移民出境是一个安全阀”，欧洲国家通过“输出许多因不幸或能力不均等而容易犯罪的人”，可以起到预防犯罪的作用。意大利由于移民出境人数的大量增加，1880年以来的犯罪有所下降。爱尔兰由于向境外输出了46%的刑满释放人员，这个国家的累犯数量特别少。

“几个世纪以来，走私一直不畏惧砍手、甚至死刑等酷刑，现在仍然不畏惧监禁和缉私官员的武器，但通过降低进口税可以得到控制”，税收制度还可以减少“任何刑罚都不能有效防止的故意诈骗罪，也将消除一直是叛乱和暴行产生原因的专断和过高的财政

① 〔意〕菲利：《犯罪社会学》，郭建安译，中国人民公安大学出版社2004年版，第193页。

惯例。”通过对含有酒精的饮料进行税收调节，可以大大减少暴力犯罪和自杀行为。菲利通过分析发现，在法国，“杀人、殴打和故意伤害罪的增减总是与不同程度的葡萄丰收之间存在着明显的对应关系，尤其是在犯罪变化显著的年度里更是如此。在葡萄减产的年份，犯罪（殴打和伤害）总是明显减少；在葡萄丰收的年份，犯罪也总是明显增加。”

基础设施工程通过增加就业岗位，“能够遏制侵犯财产罪、侵犯人身罪和妨害公共秩序罪的增长”。在法国，“1853～1855 年的大饥荒年代中盗窃罪没有像 1847 年的大饥荒中增加得那么厉害，就是因为政府在冬季的几个月里设置了许多救济失业者的工程。”此外，“高速公路、铁路和有轨电车的不断建成征服了乡村的掠夺团伙，就像带有公共照明设备的街道和通风良好并且宽阔的住宅的建成以及贫民窟的拆除有效地防止了暴力抢劫、隐匿赃物和猥亵奸污一样”。

“使工人住宅的价格便宜、在城市及农村地区的房屋内采取综合的卫生措施以及注意避免贫穷的家庭过分拥挤等都有助于身体健康，也有助于防止许多不道德行为的产生。”

“在已婚妇女的监督下检查童工工作的车间以及缩短童工的劳动时间，可以防止刑罚所不能防止的猥亵奸污童工罪。”

“合作互助团体、节约团体、老年保险、病弱工人救济、雇主对工伤事故负有责任、大众储蓄银行、慈善团体等能够比刑法典更有效地预防很大一部分侵犯财产罪和侵犯人身罪。”①

---

① 〔意〕菲利：《犯罪社会学》，郭建安译，中国人民公安大学出版社 2004 年版，第 195～202 页。

（2）政治领域的替代措施

对于预防暗杀、叛乱、谋反和内乱等政治犯罪，警察专断的镇压和预防是无效的。要预防这类犯罪，除了协调政府和民族的愿望之外没有其他任何办法。意大利在外国人的统治之下政治暴乱不断，无论是断头台还是军舰都不能阻止；而意大利一独立，这些暴力就消失了。

对于所谓的言论犯罪，除了言论自由之外没有任何办法能够减少对某种政治制度的攻击和触犯。“统治阶层和当权者通过不断尊重个人和团体的权利而树立起全民族对法律的尊重比通过任何运用警察和监狱来树立这种尊重要好得多。”

对于选举过程中的犯罪，改革选举制度使其适应本国的情况是唯一的预防措施。

对于社会犯罪和政治犯罪，通过政治和议会改革在一个国家与其合法代表之间建立起更实际的协调，通过消除一些有害于政治的技术问题，赋予人民一种更直接的管理公共事务，包括公民投票在内的权利，使议会摆脱一些导致其滥用权力的机会和形式，也会比刑法典能够更有效地预防这两类犯罪。

最后，如果我们打消政治均衡和官僚集中这样一些愚蠢的念头，使法律适应各地的不同特点，那么大量由于不能满足的需求和对一个国家各个地区在气候、种族、传统、语言、习惯和利益等方面存在差异的忽视而引起的犯罪，多数都将会消失。[①]

① 〔意〕菲利：《犯罪社会学》，郭建安译，中国人民公安大学出版社 2004 年版，第203～204 页。

(3) 科学领域的替代措施

“科学曾经产生了武器、印刷术、照相术、平版印刷术、新毒药、炸药、电、催眠术等犯罪工具,科学的发展迟早也会提供比刑罚镇压更有效的解决办法。”印刷、囚犯人身测量照相、电报、铁路等都是对抗犯罪的有效辅助手段;解剖学和毒物学的发展减少了投毒案件的数量;文件检验技术的发展有助于减少伪造犯罪;女医生的出现减少了医生进行有伤风化的犯罪的机会;现代航海技术的发展和铁路及公路的发展基本上消灭了靠死刑和军队一直没有铲除的海盗和土匪;马尔萨斯人口论的传播起到了防止堕胎和杀婴罪的作用;清楚简便的记账方法防止了在旧的复杂记账方法下产生的诈骗和贪污;通过避免货币的经常流动,支票比刑罚对预防盗窃所起的作用还要大;某些银行发给职员的信任卡能够防止篡改账单;保险箱、门窗锁和警铃对预防盗窃有很大作用。[①]

(4) 立法和行政领域的替代措施

明智的遗嘱立法可以防止因亲属急于继承财产而产生的谋杀;婚姻法改革和非婚生子女立法是防止非法同居、杀婴、堕胎、弃婴、猥亵奸污和被诱奸后又被抛弃的妇女所犯谋杀罪的最好措施;轻缓简单的法律本身就是预防妨碍公共秩序、侵害人身罪和侵犯财产罪的一项措施。法律的简便易懂还会防止大量的诈骗和违法行为,我们那些浩瀚如林的法典、法律、法令和规则无疑会导致无尽无休的误解和错误,并因此产生违法和犯罪;通过规定董事的民

① 〔意〕菲利:《犯罪社会学》,郭建安译,中国人民公安大学出版社 2004 年版,第 204～205 页。

事责任、破产程序、股东注册、破产者清偿债务和工业汇票及其他汇票，商法能够比劳役更有效地防止欺诈性破产；依法成立荣誉法院能够不求助于任何重刑就能防止决斗；建立科学的人口登记制度能够有效地防止重婚罪；制定好的转让制度能够起到防止伪造和诈骗罪的作用；建立弃儿和孤儿院能够防止用严刑所不能防止的杀婴和堕胎罪；建立囚犯援助协会可以起到降低累犯的作用。①

(5) 教育领域的替代措施

书本教育能够提高个人的预见程度，起到减少偶犯的作用，还可以起到传播法律知识的作用；根据每一个学生的生理和心理状况，运用生理、心理学规律来教授儿童的实验方法，通过向学生传授更多在实际生活中有用的知识，能够使青少年更好地适应竞争，减少失业人口，起到预防犯罪的作用；通过限制各种媒体出版发行描写暴力和色情的作品，消除粗俗和黄色的娱乐，建立健康的娱乐和运动场所等，能够消除一大类刺激犯罪产生的因素。另外，对进入治安法庭和巡回法庭的权利也应当限制，防止妇女像看马戏似的，也防止青少年在其中接受犯罪艺术课。②

他此前曾指出，"分析一下意大利每年判处的 30 万名罪犯，其中 18 万人犯的是轻微罪行，12 万人犯的是严重罪行。你很容易就能看出他们之中大部分人主要是由于社会环境造成的，而为这种社会环境觅一补救措施应当并不困难。就自然和人类学因素而

① 〔意〕菲利：《犯罪社会学》，郭建安译，中国人民公安大学出版社 2004 年版，第 206～207 页。

② 同上书，第 207～209 页。

言，立法者的工作可能缓慢、艰难，不能达到完善的地步；但就影响犯罪的社会因素而言，立法者的工作可以是迅速的、及时的和有效的。”[1]在《实证派犯罪学》的结尾，菲利提出，“保护社会免受犯罪侵害的措施必须是多层面的、复杂的和不断变化的；必须是立法者和公民在系统的集体经济的坚实基础之上进行长期不懈的系统工作的成果。”[2]

5. 改革监狱管理

此外，菲利还谴责现行监狱制度，认为“现代社会制裁犯罪的措施抹杀了罪犯的人格，使其成为一个号码，或者在杂居中完全被腐蚀，或者在独居中变成一个呆子或残暴的野兽。”他提出改革监狱管理，主张对监狱的管理应当是科学的，对罪犯的矫正也必须是科学的。[3]

（1）坚持监狱官员专业化

菲利认为，“就像好的法官执行一部不完善的法典比愚蠢的法官执行一部‘不朽的’法典要好一样，一种有独创性而且协调的监狱制度如果没有相应的管理人员来执行也没有价值。”[4]

菲利主张，监狱机构的主管应当是心理学家、医生。任命拿抚恤金的退伍军人或顽固的官僚做刑罚机构的长官是荒谬的。他还举了因脑受损而伤害他人被投进监狱的罪犯和不称职的监狱医生

---

① 参见本书第 34 页。
② 参见本书第 59 页。
③ 参见本书第 52 页。
④ 〔意〕菲利：《犯罪社会学》，郭建安译，中国人民公安大学出版社 2004 年版，第 286 页。

如何草率对待罪犯心理问题的例子来说明对罪犯进行科学治疗的重要性。[①]

（2）以分类管理制度代替个别化

尽管菲利等实证派学者主张刑罚个别化，但是他本人还是认为应当从实际出发，不能一味不切实际地坚持刑罚个别化，“因为主要由于财政原因引起的管理人员的问题一直很严重，我认为我们应当用同样有效而且更容易实行的分类制度来代替不切实际的刑罚个别化观念。”[②]

（3）隔离要体现剥夺功能[③]

菲利认为，对罪犯的隔离是社会防卫的需要，是为了消除犯罪人对社会的威胁，因此不能像古典派强调的那样，从各个方面保证罪犯的个人权利，使监狱失去剥夺效果，起不到监禁的作用。他强调，“首先，必须注意隔离不是或者不仍然是（因为现在很常见）懒惰的犯罪人群体的避难所，而是一种剥夺。”“已决犯监狱——古典派监狱学家对未决犯囚房和已决犯囚房不加区别——不应当很舒适，以至于引起诚实的人和住在农舍中耕种的贫苦农民或住在阁楼中的憔悴的工人的忌妒。”[④]

（4）对罪犯实行强制劳动

菲利从唯物史观出发，强调劳动对罪犯的治疗作用，主张对所

---

① 参见本书第 52～54 页。

② 参见本书第 52～54 页。

③ 〔意〕菲利：《犯罪社会学》，郭建安译，中国人民公安大学出版社 2004 年版，第 287 页。

④ 同上书，第 287 页。

有罪犯都实行强制劳动。他坚持，“对所有监禁罪犯（生病者除外）都应当实行强制劳动。”“我很想将下述在全世界都适用的格言刻在监狱大门上：‘不劳动者不得食。’”

他认为，“对囚犯来说，户外劳动是唯一有益的监狱体制的基础。尤其是在南部地区和对绝大多数农民罪犯，空气、阳光、运动和田间劳动是并未彻底堕落的罪犯所能够获取的唯一的身体和道德消毒剂，或者至少能够通过使其从事有益健康的、报酬更多的劳动防止不可改造的罪犯完全野蛮化。”①

（5）罪犯劳动获得报酬并承担监禁中的生活费用

菲利认为，当时的监狱管理模式应当改革，纳税人不能永远全部承担罪犯在监禁期间的所有费用。“囚犯不仅应当像现在这样，向国家付其所用的烟酒钱，而且还应当付衣食住的费用，其余劳动所得应当用以赔偿被害者。”“被迫采取剥夺自由作为刑事镇压和报复的基本手段的国家，承担了不仅向其惩罚的犯人提供物质生活费用而且还满足其知识和道德需要的全部义务。因此，国家抚养懒惰者占多数的被说成‘被判处艰苦劳役’的人，犯罪在满足了罪犯的需要之后，又进一步保证了其免费食宿，将负担转移给诚实的公民。”“无论是从道德上还是从法律上讲，我都不同意犯罪可以免除罪犯在犯罪之前曾一直承担而且所有诚实的人也为此受许多苦的日常生活用品的负担。”

他觉得，“一个人尽管贫穷和不幸，但只要他保持诚实，国家就

① 〔意〕菲利：《犯罪社会学》，郭建安译，中国人民公安大学出版社 2004 年版，第 287、288、317 页。

努力保证其以劳动谋生的手段。""但是,任何人,只要一犯罪,国家就认为它有义务给他最好的照顾,保证他住宿舒服,食品丰盛,劳动轻微(如果不允许他懒惰的话)!而且,所有这一切都是在永恒的因果报应的名义之下进行的。"这对诚实的纳税人,特别是贫苦的诚实纳税人来说,是不公正的。

当然,基于通过劳动治疗罪犯的基本理念,菲利认为应当对参加劳动的罪犯付酬。"如果罪犯向国家付食宿衣物费,其余赔偿被害者的话,那么国家应当付给罪犯与自由劳动者同样的工资。"[①]

(6)监狱劳动不应当与自由劳动竞争

菲利认为,监狱劳动与自由劳动之间存在着竞争,但是这种竞争是不公正的,政府应当避免。"因为犯人只能继续懒惰或者去工作,所以监狱显然必须使他们工作。但是,他们必须在与自由劳动竞争不太激烈的行业上工作。"

他提出:"独居制由于对国家以税收的形式收集而来的资金耗费太大,还由于与自由和诚实劳动者的劳动竞争,使诚实阶层的人很难堪。首先,竞争是精神上的,因为罪犯的日常工作和食宿总是有保证,而诚实的工人却没有这种保证。其次,尽管罪犯的收益总额与自由工人相比数量不大,但是经济竞争在某些地方和某种行业仍然很激烈,而监狱劳动永远也不能补偿国家的开支,因为在单独隔离的情况下显然不能组织重要的赢利性的工业。就是制鞋、木器加工等这样一些小工业也挤垮了监狱周围的同种自由行业,

① 〔意〕菲利:《犯罪社会学》,郭建安译,中国人民公安大学出版社2004年版,第287、288页。

因为自由行业不能与低工资的犯人进行这种不平等的竞争。”①

（7）反对单独监禁

基于监狱应当对罪犯实施科学治疗而不只是简单关押的理念，菲利反对当时在欧美方兴未艾的独居制。他认为，“独居制这种无益的、愚蠢的、不人道的、耗费很大的‘活人坟墓’，即使意大利新刑法将其缩小到最低期限时，也必须废除它。”

首先，“单独监禁是不人道的，因为它在罪犯退化程度最小的案件中抹煞或削弱了那种本来就已经很微弱的社会意识，还因为它不可避免地（由于手淫及运动和空气不足等）会导致癫狂或肺结核。因此，它迫使监狱当局为了避免这些疾病而不公平地为谋杀犯建造非常舒适的单身牢房，而不幸的诚实者却不公正地住在农舍或穷人的阁楼中。”

其次，“在定期或不定期中，单独监禁对于改造犯人起不到任何作用，这主要是因为，如果不改善社会环境，犯人一离开监狱就又回到导致其犯罪的同一环境之中去，我们再关注犯人也没用。”

“监狱学家犯的一个主要错误就是将其注意力完全集中在单身牢房上面和单身牢房里面，忘记了犯罪产生的外因。因此，经过一种人们很熟悉的心理过程，单身牢房对监狱学家来说，就像钱对贪婪者一样，不再是一种手段，而是成了目的。”

而且，“独居制在适用上是不平等的，因为种族的不同对它具有很大影响，而且它实际上是一种令在自由空气和阳光下更独立

① 〔意〕菲利：《犯罪社会学》，郭建安译，中国人民公安大学出版社2004年版，第288、317页。

的南方种族讨厌的北方民族的专制做法。除此之外,在同一民族的人中,由于罪犯,尤其是偶犯的职业不同,隔离的效果也大不一样。”

另外,“将独居制作为唯一一种监禁方式采用会耗费很大。”“由于建造许许多多的监狱耗资很大,因此说谋杀犯和纵火犯在单身牢房中所享受的舒适与诚实的穷人在收养院、贫民院、城市阁楼、乡村茅舍和一些临时陋室中所遭受的痛苦形成了令人痛心的有害的对比……”①

(8)反对少年监禁

基于对刑罚替代措施的信念和对惯犯形成原因的认识,菲利反对少年监禁。他认为,“从把对流浪儿的生理和心理治疗作为最有效的刑罚替代措施着手,到推进对未成年犯的具有改造作用的限制性刑事判决,已经有了一套呼唤全面改革的完整制度。依照这种制度,永远不能对未成年犯实行监禁。所以,我们必须废除所谓的教养所。如果不考虑由于乞讨、流浪和其他罪行而被送进教养院的少年对温情的矫正所产生的可笑的和危险的骚乱,那么教养所不能产生任何有益的作用,因为成群地挤在一起的这类少年中会比在青年犯中更容易产生骚乱和腐蚀。”

至于如何处理未成年犯,菲利提出:“对这些少年犯来说,可以分别将其寄养在诚实的农民家庭,要不然就将其放在与成年犯纪律不同但仍然是根据夜间独居、白天在户外劳动并尽可能不拥挤

① 〔意〕菲利:《犯罪社会学》,郭建安译,中国人民公安大学出版社 2004 年版,第 288、314～316 页。

的原则建立的农业流放地。”①

(五)将犯罪人分为五类

菲利认为,“由于犯罪的原因不同,对各种人格的罪犯需要采取不同的治疗方案。由于人类学因素而导致犯罪与由于社会环境而导致犯罪的行为人根本不同”,菲利把犯罪人划分为五类:天生犯罪人、精神病犯罪人、习惯性罪犯、偶犯和情感犯。

1. 天生犯罪人

天生犯罪人是“犯罪型精神病(科学尚未解决这一问题)的牺牲品。这种精神病与癫痫病非常相似,但其本身不足以使患者成为罪犯。”“说一个人是天生犯罪人,是指他具有某种天生的退化现象,使其倾向于犯罪。如果他有幸生活在一个没有任何促使其犯罪的诱因的良好环境中,他可能活到 80 岁也不犯罪。”菲利认为,精神病的情形与犯罪的情形相似。一个人“生活在恶劣的环境之中,未受过任何教育,又居住于不健康的自然环境如矿山、田野或潮湿的沼泽之中,那么他就会成为精神病患者。但如果其生活环境并不足以使其患精神病,无需为日常生活而抗争,生活富裕,他可能表现得古怪一些,但不至于跨入精神病院的大门。犯罪的情形也是如此。一个人或许有天生的犯罪倾向,但他如果处在良好的环境之中,就有可能到死也不违反任何刑法条文及道德信条。”②

① 〔意〕菲利:《犯罪社会学》,郭建安译,中国人民公安大学出版社 2004 年版,第 320 页。

② 参见本书第 41 页。

“天生或本能的犯罪人最容易表现出犯罪人类学所确定的气质和心理特征。这些人既残忍蛮横又狡猾懒惰，他们分不清杀人、抢劫或其他犯罪与诚实勤劳之间的区别。”“他们是罪犯就像别人是好工人一样。”“因为他们把监禁看作是从事其职业所必须承担的风险，就像泥瓦匠对待屋顶掉下来或矿工对待沼气一样，所以实际的惩罚比惩罚的恐吓对他们的影响要小得多，甚或对他们一点影响也没有。”“他们在监狱里并不感到痛苦，就像一个在画室里构思其下一幅杰作的画家一样。”

菲利还引用龙勃罗梭的统计资料证实了天生犯罪人的存在。“士兵中颅骨正常者是罪犯的 3 倍；具有多处(3～4 处)异常的罪犯是士兵的 3 倍；在具有特多(5 处以上)异常的人中没有 1 个士兵。”罪犯中“大约 1/3 的人有多处异常，颅骨完全正常的只占 1/10。”“犯罪人类学为我们提供了一个大概的数字，罪犯中带有足以引起犯罪行为产生的生物学特征的人占总数的 40%～50%。”[①]

2. 精神病犯罪人

精神病犯罪人是指“患有某种精神病的临床形态，甚至连我们的现行刑法也予以承认的人”。[②] 不过，精神病犯与天生犯罪人有时很难区分。菲利称，精神病犯“就是那些具有某种遗传性精神错乱的罪犯”。但是，精神病犯一直为许多刑法学家所批评。他们认为这一术语就是自相矛盾的，因为精神病人不负道义责任，所以不能成为罪犯。菲利坚持，“社会责任是唯一适用于所有罪犯的责

① 〔意〕菲利：《犯罪社会学》，郭建安译，中国人民公安大学出版社 2004 年版，第 107～122 页。

② 参见本书第 41 页。

任，也适用于精神不健全的罪犯。”菲利主张，国家应当建立犯罪精神病院来监禁和治疗精神病犯。[①]

3. 习惯性犯罪人

习惯性犯罪人是指“主要由于社会对犯罪的预防和镇压措施无效而染上犯罪习惯的人。”菲利认为，街头流浪儿是习惯性犯罪人的主要群体。他进一步解释道：“街头流浪儿是现代工业中心所具有的普遍现象。为了维持家庭生活，他们不得不自幼沿街乞讨，整天在街头的污秽环境之中生活，无从得到培养良好道德观念的机会。他们在初次犯罪之后受到法律惩罚，被投进监狱或教养院，在其中难免更加堕落。出狱之后，身上带有盗贼或伪造犯的污名，常为警察所注意。他们即使有幸在某一商店谋得一项职业，也会有人间接奉劝店主解雇他们，他们便不可避免地又回到犯罪道路上去。因此，一个人在社会预防和镇压犯罪的措施无效的情况下，便会获得其腐败产品——犯罪习惯。”[②]“他们的犯罪主要由于污浊的环境引起的道德感淡薄而不是先天性的主动倾向所致。”“第一次犯罪未受惩罚虽然是其染上犯罪习惯的原因之一，但决定性的原因还是由于与监狱打交道使其身体衰弱、道德败坏；单独监禁使其退化；酒精中毒使其变得痴呆，易受刺激。所以他们又不断地回到犯罪的老路上去，最后成为惯犯。”

在《犯罪社会学》中，菲利引用意大利、法国、普鲁士、奥地利、匈牙利、英格兰、苏格兰、爱尔兰、荷兰、比利时、瑞典、瑞士、丹麦等

---

① 〔意〕菲利：《犯罪社会学》，郭建安译，中国人民公安大学出版社2004年版，第120页。

② 参见本书第41～42页。

许多欧洲国家的统计资料进行分析比较，确定惯犯开始犯罪的年龄及其在犯罪人总数中所占的比例。根据菲利的分析，惯犯所从事的犯罪行为集中在盗窃、撒谎癖和流浪三种行为上。而且，惯犯很难改造过来。他甚至称："如果你能将一个老盗窃犯改造成一个诚实的工人，你就可以将一只老狐狸变成一条家犬了。"[①]

4. 偶发性犯罪人

偶发性犯罪人是指"一个人犯了一种轻罪，与其说他是被退化人格的进攻性所驱使，倒不如说是被其生活环境导入歧途。这种罪犯如不因监狱生活变得更加败坏，则有可能重新回到正常的社会生活中去。"[②]他们"没有任何先天固有的和后天获得的犯罪倾向，他们由于经受不住其个人状况以及自然和社会环境的诱惑，在青少年时期犯了罪。如果没有这些诱因，他们就不会犯罪或不会继续犯罪。"

"他们所犯的通常都是那些并非惯常性的罪，或者犯其他一些侵犯人身或财产的罪，但在其个人状况及社会环境综合作用下所犯的这些罪行不同于天生犯罪人和惯犯所犯的罪行。"

"天生犯罪人与偶犯之间的确切区别在于：对前者来说，外部原因比其内部倾向性所起的作用要小，因为这种犯罪倾向性拥有一种驱使行为人犯罪的离心力；而对偶犯来说，犯罪行为只不过是行为人无力抵御外部原因的结果，大多数犯罪都是外因引起的。""如果需要引证犯罪心理学的详细论述，我们可以说，在无道德感

① 〔意〕菲利：《犯罪社会学》，郭建安译，中国人民公安大学出版社 2004 年版，第 122～129 页。

② 参见本书第 42 页。

和缺乏预见这两种犯罪的心理状态中，偶犯主要是由于后者而犯罪，天生犯罪人和惯犯主要是因为前者而犯罪。对于天生犯罪人来说，主要是因为无道德感或道德感薄弱而不能抵御犯罪。对于偶犯来说，道德感几乎是正常的，但由于不能事先认识到其行为的结果而导致其屈服于外部影响。”①

5. 情感犯

情感犯是指受情感支配而犯罪的人。“情感犯能够抵御导致偶犯犯罪的非意外力量的一般诱惑，但不能抵御有时难以抗拒的心理风暴。”

菲利同意古典派学者卡拉拉对支配犯罪的激情的分类：盲目的、可原谅的激情和理智的、不可原谅的激情。盲目的、可原谅的激情包括恐惧、荣誉和爱；理智的、不可原谅的激情包括怨恨和复仇。菲利认为，“不应仅从强度和数量方面考虑激情，而必须从激情的性质方面进行考虑。我们必须区别社会激情和反社会激情，前者有利于人类及人类集体的生活状态，后者不利于人类集体的发展。第一种情况有爱、受到损害的自尊心等，通常有利于社会。这种情况下的失常，按照案件情况，或多或少都有宽大的余地。另一方面，也有不可原谅的激情，因为他们的心理倾向是反对社会发展的。他们是反社会的，是不能宽宥的，憎恨和复仇即属此类。”②

在阐述了其对罪犯分类的五分法之后，菲利分析了各类罪犯

① 〔意〕菲利：《犯罪社会学》，郭建安译，中国人民公安大学出版社 2004 年版，第 134～135 页。

② 参见本书第 43 页；〔意〕菲利：《犯罪社会学》，郭建安译，中国人民公安大学出版社 2004 年版，第 135～136 页。

分别占的比例。精神病犯和情感犯的数量最少，只占罪犯总数的5%～10%；天生犯罪人和惯犯大约占总数的40%～50%；偶犯约占罪犯总数的40%～50%。[①]

这五分法一直为菲利所坚持，而且他认为得到了绝大多数学者的赞同。直到晚年，菲利在修订《犯罪社会学》第五版(1929～1930年期间出版)时才加上了第六类犯罪人，即过失犯。他把过失犯解释为"由于缺乏预见、轻率或者不遵守规章而不是由于恶意而造成损害和危险的拟制罪犯，他们代表着不同的危险程度。"他们当中的一些人道德敏感性弱，另外一些人缺乏技术知识，还有一些人疏忽大意，最后一部分人疲惫不堪。但是，菲利在修订这一版时没有把他的六分法整合到全书中去，而只是在犯罪人分类部分这么提了，在其他部分述及这一问题时仍然沿用五分法。[②]

菲利对犯罪人的五分法或后期的六分法完全是根据犯罪人的特征这一个标准划分的，划分的目的是根据不同类型犯罪人的特征施以不同的矫治措施。在常见的犯罪学著作，特别是我国的一些犯罪学著作中，对犯罪人的分类往往为对犯罪的分类所代替，对犯罪的分类又常常不是根据一个标准，而是根据多个标准，如犯罪侵害的客体、犯罪主体，甚至还包括犯罪的主观方面等，将犯罪划分为暴力犯罪、财产犯罪、青少年犯罪、女性犯罪和过失犯罪等。从划分标准一元论的角度看，菲利对犯罪人的分类至今对我们还有很大的启示。

---

① 〔意〕菲利：《犯罪社会学》，郭建安译，中国人民公安大学出版社2004年版，第138～139页。

② 参见"恩里科·菲利"一文。

（六）主张对不同犯罪人施以不同的对策

根据对犯罪人的上述分类，菲利进一步提出，对不同类型的犯罪人应当施以不同的矫治对策。

首先，针对古典派刑事科学以刑罚来实现对犯罪报应的刑罚目的并因此把刑罚作为对各类犯罪人唯一选择的理论基础，菲利提出："刑罚不应当是对犯罪的报应，而应当是社会用以防卫罪犯威胁的手段"；[①]"合法判决的目的不是确定犯人的不可确定的道义责任，也不是将刑法典中的条文非个别化地适用于该罪犯，而是将最适合于犯罪人的法律按照犯罪人所表现出来的或多或少的生理和心理的反社会性加以适用。"[②]刑罚的这种社会防卫功能是通过对犯罪人实施剥夺和矫治而避免社会再受犯罪侵害来实现的。

由于刑罚的目的不是报应而是社会防卫，因而刑罚的对象是罪犯而不是犯罪。"如果从社会镇压职能中排除刑罚是犯罪的报应这一道德观念，如果我们认为社会的这一镇压职能仅仅是一种通过法律而实施的防卫权力，那么刑事司法便不再符合对罪犯道义责任和可罚性的精密计算。除了首先证明被告人是犯罪人，然后证明他属于哪一种罪犯，最后证明他通过其生理和心理特征所表现出的反社会的堕落程度及其对社会的再适应程度之外，刑事司法再不能产生其他任何结果。""犯罪总是刑法的对象，即使在实

① 〔意〕菲利：《犯罪社会学》，郭建安译，中国人民公安大学出版社 2004 年版，第 272 页。

② 同上书，第 221 页。

证刑事诉讼程序下也是如此。但是,它不是法官的全部注意力的所在之处,而仅仅是诉讼程序的基础和表明罪犯的堕落和重新适应性等特征的一种症状,罪犯本身才是刑事审判的真正的、活的对象。”①

其次,根据社会防卫的需要,菲利进而主张对不同罪犯施以不同的对策。菲利认为,现行刑法制度是根据定期刑原则制定的。监禁被古典派犯罪学家和根据其理论建立起来的刑事司法誉以罪犯的万灵药。他把这种理论主张和刑事司法比喻成一个只会给病人开大黄药处方的医生。“医生坐在医院门前,告诉每一个病人:无论什么病,我只给你开一种药——大黄——进行治疗。你有心脏病吗?没关系,问题只是我给你开多少大黄去服而已。”②菲利宣称,这种制度是失败的。根据对欧洲,特别是意大利和法国累犯详细数据的分析,他得出了如下的结论:“这意味着现行刑事司法是一部庞大的机器,吞食并吐出大量的人。这些人轮番失去生命、荣誉、道德感和健康,因而留下不能消除的创伤,流入到不断增加的职业犯罪和累犯的队伍中去,一般没有希望复原。”

关于这一制度失败的原因,菲利认为在于刑法制度存在着一些根本性的缺陷。“根据古典派刑法理论和古典派监狱规则建立起来的刑法制度具有以下缺陷:确定荒谬的道义责任标准;完全无视或忽视罪犯的生理、心理学类型;一方面裁决与判决之间有

① 〔意〕菲利:《犯罪社会学》,郭建安译,中国人民公安大学出版社 2004 年版,第 234～235 页。

② 参见本书第 39 页。

空隙，另一方面判决与执行之间又有空隙，结果便会滥用宽赦；监狱中犯人退化和相互交往造成的实际后果严重；造成数以百万计的人被处以愚蠢和荒谬的短期监禁；造成累犯难以抑制地增加。”①

至此，菲利宣称：“毋庸置疑，用一个与犯罪的主要原因相适应的，对社会防卫更有效的，同时减轻对被处理的人所造成的无端损害的刑罚制度来代替现行刑罚制度是十分紧迫的。”②

“对于任何一起犯罪，刑罚问题都不应当仅仅配给罪犯与其道德责任相应剂量的药，而应当被限定为根据实际情况（违法及其造成的损害）和罪犯的个人情况（罪犯的人类学类型），视其是否被认为可以回归社会，确定是否有必要将罪犯永久、长期或短期地隔离，或者是否强制他严格赔偿他所造成的损失就足够了。”

在分析了加罗法洛和李斯特提出的针对不同犯罪人的不同措施③之后，菲利提出了三类措施：“(1)不确定罪犯隔离时间；(2)具

---

① 〔意〕菲利：《犯罪社会学》，郭建安译，中国人民公安大学出版社 2004 年版，第 265～266 页。

② 同上书，第 267 页。

③ 加罗法洛提出的措施如下：1.谋杀犯。将犯下列罪的人送进犯罪精神病院或处死刑：(1)因贪婪或其他个人欲望而谋杀；(2)非因被害者触犯而谋杀；(3)因残忍而谋杀。2.犯暴力或冲动性罪的人。将犯下列两种罪的成年犯从被害者或其家庭居住的街道迁走：(1)因被某种残酷的伤害行为触犯而突发的暴力伤害；(2)正当防卫杀人。将因雪耻而杀人(孤立的或地方性的)的成年犯流放至某一海岛、殖民地或农村监督管制(期限从 5 年到 10 年不定)。对犯下列罪的成年犯适用赔偿损失和罚金。对能负担得起的要重一些，并且可以用工资或强制劳动作为替代措施。如果拒绝则处以监禁：(1)在争吵时伤害身体；(2)轻微的和暂时的共谋；(3)殴打、威胁、诽谤和侮辱。将犯下列罪的成年犯送犯罪精神病院(对癔病或癫痫病患者适用)或监督流放 5～10 年：(1)故意伤害、毁容、伤人肢体；(2)强奸和暴力强奸；(3)限制他人人身自由。将犯不可饶恕的暴力罪和强奸罪的青少年犯送进犯罪精神病院(对那些具有先天性遗传倾向的

有公共和社会性质的强制赔偿;(3)对各种罪犯都适用防卫措施。”①

1. 对天生犯罪人、精神病犯罪人和习惯性犯罪人实行不定期隔离

对于遗传的或先天的犯罪人或者由于习惯或精神病而倾向于犯罪的人犯下的重大罪行,菲利主张保留不定期隔离的方式,“因为在犯了重大罪行的危险退化者的案件中,事先规定出期限是不合理的。”“对于天生的或由于疾病引起犯罪的罪犯,不能随便把他

(接上页注释)
人适用)、对再犯流放至拘禁殖民地或非拘禁性地流放。3. 不诚实的罪犯。将犯下列罪的成年犯送犯罪精神病院(如果精神异常或有癫痫病)或流放:(1)习惯性盗窃或诈骗;(2)习惯性纵火;(3)习惯性伪造或敲诈勒索。对犯下列罪的成年犯实行集体劳动(期限不定)或限制从事某一职业直至赔偿全部损失为止:(1)偶发性盗窃或诈骗;(2)偶发性伪造或敲诈勒索;(3)偶发性纵火。对犯下列罪的成年犯处以革除公职、停止行使公民权、罚金或责令赔偿:(1)挪用公款、贪污;(2)出卖职权;(3)滥用权力。对未造成人身伤害的纵火、报复性毁坏财产的成年犯责令其赔偿损失(也可选择监禁)、送犯罪精神病院(对精神变态者)、流放(对累犯)。对由于渎职而导致破产的成年犯,责令其赔偿、禁止经商或革除公职。对使用伪币、伪造股票和证券以及假冒他人姓名和作伪证的成年犯,适用监禁(不定期)、罚金、革除公职和赔偿损失。对重婚、贿赂或隐瞒婴儿出生的成年犯适用流放(不定期)。将犯盗窃和诈骗等罪的青少年犯流放到农业殖民地(不定期)。4. 对犯暴动、反对当局或不服从当局等罪的人适用监禁(不定期)。

菲利把加罗法洛的措施总结为:绝对消除罪犯:死刑;相对消除罪犯:犯罪精神病院、不剥夺自由的流放、永久性流放、有期限的流放、流放至农业殖民地、从某一街道迁出;赔偿损失、罚金、赔偿被害者:付钱、从工资中扣除、在不监禁的情况下强制劳动;对某些罪行(伪造、暴动)适用定期监禁或者作为赔偿或强制劳动的替代措施禁止从事某些职业和革除公职。

李斯特的刑罚方案为:罚金刑(与罪犯的财产相适应——不能用监禁代替,但允许用非监禁性的强制劳动来折抵):适用于轻微犯罪(可以用监禁代替)和违法行为(非监禁性的);附条件判决(对被判处监禁的初犯,担保或无担保 3 年):适用于应被判处监禁的轻微犯罪;监禁(不定期,规定最长和最短期限);单独监禁(6 周~2 年);拘留所(单独拘禁 1 年,然后逐渐放松)2~15 年(警察对被判释放的犯人进行监督和帮助)或者终身;作为其他刑罚辅助措施的赔偿(总是一种民事责任)。

① 〔意〕菲利:《犯罪社会学》,郭建安译,中国人民公安大学出版社 2004 年版,第 271 页。

们关上一个时期，而应当关到他们能适应正常的社会生活为止。”“对那些犯了最严重罪行的天生犯罪人，只有两种方式可供选择，那就是终身流放和不定期隔离。”①

对于根据古典派犯罪学建立起来的现行刑法的核心——定期监禁制，菲利依然用上述医生的比喻来驳斥。“‘你有心脏病吗？吃 1 夸脱大黄，住院 12 天。’另一个病人说：‘我伤了腿。’医生又说：‘吃 1 夸脱大黄，住院 17 天。’第三个病人患了肺炎，医生的处方是吃 3 夸脱大黄并住院 3 个月。病人问：‘如果我的肺炎提前好了呢？’医生答道：‘无论如何必须住院 3 个月。’‘但是，如果 3 个月之后我的肺炎好不了呢？’医生说：‘无论如何你也必须出院。’”②

菲利认为，不定期隔离符合法律的基本原则。“法律的基本原则是根据社会存在的需要做出限制。因此，根据社会存在的需要所进行的不定期隔离与终身隔离一样，显然绝对不与这一法律原则抵触。”“进一步说，如果法学家同意当罪犯具有改过的迹象时允许他在服完判决规定的监禁期限之前附条件地享有自由，那么其纯抽象逻辑的自然结果便是对那些并不改过反而仍然具有很大危险的罪犯延长监禁期限。”③

同时，菲利提出，如果适用不定期隔离这样一种措施，就应建立与此相应的附条件释放制度。“如果在不定期隔离的实证制度

① 参见本书第 50～52 页；〔意〕菲利：《犯罪社会学》，郭建安译，中国人民公安大学出版社 2004 年版，第 302 页。

② 参见本书第 39～40 页；〔意〕菲利：《犯罪社会学》，郭建安译，中国人民公安大学出版社 2004 年版，第 274 页。

③ 〔意〕菲利：《犯罪社会学》，郭建安译，中国人民公安大学出版社 2004 年版，第 272 页。

下实行附条件释放，那将只有在对罪犯进行生理、心理学的检查之后才能批准，而不能像现在这样只是对有关文件作些官方审查之后就批准。对它的否决，也将不会像现在这样，几乎完全是根据犯罪的严重性，而是根据罪犯的重新适应社会性来决定。"因此，菲利主张，对犯了重罪的精神病犯和天生犯罪人不适用附条件释放制度。

此外，菲利认为，要实行附条件释放制度，应当在程序上设立对被隔离人的监护机构，如定期改变判决的永久性委员会，如行刑监督委员会。由这类委员会在对罪犯及其经历进行调查之后决定刑罚的实际期限，以便它们能够随时释放和宣告延长刑罚，尤其是对惯犯。这类委员会由监狱长、检察官、审理本案的法官和政府任命的两个专门成员组成，其中应当有犯罪人类学家参加并在其中发挥作用。①

菲利主张，对附条件释放罪犯的监督也应当进行改革。当时由警察监督执行的方式不适当，对狡猾的罪犯无效，而且"这一责任迫使警察注意数百名附条件释放的罪犯却忽视数千名尚未查明的罪犯，因而分散警察的注意力。"②

2. 对轻微罪犯施以赔偿损失代替短期监禁

菲利主张对偶犯中的轻微罪犯不能进行监禁，而应当施以赔偿损失。在谈到这类罪犯时，菲利称："在这类案件中，对个人和社

① 参见本书第51～52页；〔意〕菲利：《犯罪社会学》，郭建安译，中国人民公安大学出版社2004年版，第277～278页。

② 〔意〕菲利：《犯罪社会学》，郭建安译，中国人民公安大学出版社2004年版，第278页。

会造成危害不是蓄意的，行为人也不是危险的，因此，监禁对他来说更不恰当、不公正，甚至可能会造成危险的结果。”他认为，“如果对一个犯了轻罪的罪犯判处 5～6 天的监禁，实属荒唐。”如果司法机关使公众鄙视这类罪犯，警察监视他们，然后将他们送进监狱，其恶性在出狱时会比入狱时更大。

“对这种行为的实施者来说，严格的赔偿比荒唐地判处他几天或几个星期的监禁是一项更有效，同时能够减轻行为人退化和危险程度的法律惩罚。”[①]

“根据对罪犯个人和诚实的社会的保障应当同等重视的同一原则，我们推导出必须更加严格地赔偿犯罪被害者的结论。但对于那些被附加于各种判决中但几乎总是无效的精神损害赔偿来说，我们认为应当代之以一种更严格的责任。实施这种措施应当由政府监督，就像对待被称之为刑罚的犯罪后果一样。”[②]

“我们提出的改革，并非仅仅旨在理论上，因为实际上可以说在大多数案件中已经确认了这一赔偿责任。但是，我们不应当将民事措施与刑事措施截然分开，而应当共同适用这种措施，甚至需要有专门的法规强制刑事法官确定损失数额，以避免由民事法官重新审理而造成的拖延和不幸。”

“而且，即使当被害人由于不知道或害怕而没有提起诉讼时，也应当强制检察官正式要求判处罪犯赔偿他所造成的损失。”

“我们还将发现，对严格赔偿损失的担心对犯了过失罪的富人

---

① 〔意〕菲利：《犯罪社会学》，郭建安译，中国人民公安大学出版社 2004 年版，第 233 页。

② 同上书，第 225 页。

会起到刺激其勤勉努力的作用，而对穷人我们可以用使其为被害者劳动来代替赔偿损失。”

加罗法洛写道：“根据我们这一学派的观点，对许多轻微罪行，尤其是轻微侵犯人身罪，用赔偿被害人损失的有效手段来代替处以几天监禁的方法很有益。当赔偿损失不是像现在这样作为一种法律后果，一种可以根据民事诉讼规则主张的权利，而成为被告人的一种不能逃脱的责任时，它便可以成为一种真正的刑罚替代措施。”①

“古典派认为赔偿不法行为造成的损失仅仅是罪犯的一种民事的和私人的责任（就像由于违反合同而产生的责任一样），因此便与公共赔偿的刑事判决具有本质的区别。古典派对赔偿损失的这一原则在日常司法实践中就难免会使赔偿被完全忘却。犯罪被害者知道要想取得赔偿就不得不诉诸法庭，又担心为此要付民事诉讼费，便被迫放弃索赔的希望，因此，便会与罪犯做某些大度让步的妥协，或者进行私人报复，并且不再信赖社会司法的补偿作用。”②

“即使被害人从未提起诉讼，检察官也应当代表官方要求并强制执行赔偿；法官在每一份刑事判决中都要确定损失；及时扣押和索取罪犯的财物以避免他假装没有赔偿能力；从有偿付能力的被告的薪金或工资中扣除全部或部分金额；对无力支付者实行强迫劳动；从罪犯在监狱中劳动所得的报酬中提出一定比例来赔偿被

① 〔意〕菲利：《犯罪社会学》，郭建安译，中国人民公安大学出版社 2004 年版，第 279～280 页。

② 同上书，第 281 页。

害者；将是否已经赔偿全部或大部分损失作为赦免和附条件释放的一个必要条件；建立罚金国库以便预付赔偿金给被害人家庭；确定罪犯继承人具有赔偿责任等。”①

“我只想强调原则问题，也就是我们赋予作为一种社会职能的赔偿的公共性质。在我们看来，将罪犯对其犯罪所造成损失的赔偿责任与违反合同而产生的赔偿责任相提并论完全是不道德的。”②

“犯罪，就像它意味着社会将会以不定期隔离罪犯的方式做出反应一样，当行为严重而且行为人危险时，也应当意味着社会可以用要求罪犯赔偿（必要时可以附加于隔离之上，或者当行为不太严重并且行为人也不太危险时单独适用）的方式做出反应。对于偶犯所犯的轻微罪行，严格的赔偿一方面可以避免适用短期监禁的缺陷，另一方面将比在保证提供食物和住所的国家监狱中待上几天或几周更有效、更合理。”

“还可以加上一点，国家应当对被害人的权利负责，并且使被害人的权利及时得到满足……”③

“刑罚的发展明显地证明了这一点。起初，对犯罪的制裁完全是私人的事；然后，它表现为金钱赔偿这一更加软弱的形式；后来，便将赔偿的一部分交给国家，而只从赔偿中提取一部分作为付给被害人的可怜的抚恤金。因此，将赔偿由刑事司法初级阶段的赔

① 〔意〕菲利：《犯罪社会学》，郭建安译，中国人民公安大学出版社 2004 年版，第 281～282 页。

② 同上书，第 282 页。

③ 同上书，第 282～283 页。

偿个人损失改为犯罪的法律后果和社会后果的一种公共职能，与这一刑罚的发展过程最一致不过了。”“犯罪的民事责任并不仅仅是私人的事情，而应当成为像刑事责任一样的社会责任。”①

“罪犯每犯一件罪行都会引出一场可笑的喜剧。对不能防止犯罪和更好地保护公民应当负责的国家逮捕罪犯。然后，当被告被提交给国家时，国家只关心永恒正义的崇高利益，而不考虑犯罪被害者，把索取赔偿看成是他们的一般私人利益，留待另外的司法活动来解决。再后，国家为了永恒的正义，逼着罪犯以向国库交付罚金的形式对国家防卫制度进行赔偿，而这一防卫制度却连侵犯私人财产这样一些犯罪都不能防止。”“此外，国家在 10 年里判处 150 万名罪犯监禁，我们又要同一部分公民负担犯人的食宿费用，而这部分公民既得不到国家的保护，又得不到因犯罪对其所造成的损失的赔偿！”

“这种‘司法’方式必须彻底改革。国家必须赔偿个人因国家不能预防的犯罪给其造成的损失（就像在公害中所承认的那样），然后再从罪犯那儿把这笔钱追回来。”②

“我们认为，如果个人应当永远对其所犯的罪行负责，那么当他是犯罪的受害者时，他也应当永远得到犯罪给他造成的损失的赔偿。”③

① 〔意〕菲利：《犯罪社会学》，郭建安译，中国人民公安大学出版社 2004 年版，第 206 页、第 283 页。

② 同上书，第 283～284 页。

③ 同上书，第 284 页。

3. 对精神病犯设立专门犯罪精神病院隔离

根据他所倡导的“对各种罪犯都适用防卫措施”的原则，菲利主张设立专门的犯罪精神病院隔离精神病犯。

古典派认为，道义责任是刑事责任的基础，没有道义责任的人就不应承担刑事责任。精神病人因为在实施危害社会行为时“不知道自己在干什么”而没有道义责任，从而也不负刑事责任，他的行为也不构成犯罪，他自身也不是罪犯。按照古典派的理论，一个实施危害社会行为的人要么是一个罪犯，要么是一个精神病人。如果行为人是罪犯，就应当进监狱；如果行为人是不负刑事责任的精神病人，就应当进精神病院。

菲利认为，在古典派这个二难推理中存在着一个谬误，就是“有些人同时是有精神病的和犯罪的。”在这种中间情况下，“其逻辑结果也不能排除特别精神病院，那么具有犯罪倾向的犯罪精神病人就应当进入专门为他们这类精神病人准备的特别精神病院。”“如果一个精神病人由于实施了杀人、放火、暴行等犯罪行为的事实使他区别于其他非犯罪精神病人，显然不能‘只’对他适用对无害精神病人适用的那一种治疗措施。”因为“我们不断看到按照同样的规则隔离普通精神病人和犯罪精神病人的管理机构难免在后者犯罪之后不久，其心理失调甚至对犯罪行为的回忆还未消失时就将其释放。结果，这些犯罪精神病人在刚刚暴露了病态倾向，离开精神病院不久就又实施了其他暴力行为。”“经验已经表明”，在普通精神病院为精神病犯设立的专门病房“效果不好，因为用同一些管理人员来满足普通精神病人和犯罪精神病人的不同治疗和训练的需要是很困难的”。

至于对精神病犯在专门的犯罪精神病院隔离的期限，菲利认为应当是不定期的，因为如上所述，实证派主张对各种需要隔离的罪犯都实行不定期隔离，直到他能够适应社会而不再对社会构成威胁为止。

对于隔离的具体对象，菲利认为应当包括下列 4 种：(1)由于精神病而被宣告无罪的人或在初审中被判处一定期限隔离的罪犯；(2)在服刑期间患精神病的罪犯；(3)在普通精神病院犯了罪的人；(4)经过审判因怀疑有精神病而被置于专门的监房中进行弱智观察的人。

此外，菲利还提出，应当根据纪律程度把犯罪精神病院分为两类：一类收容那些犯了杀人、放火、强奸等严重和危险罪行的精神病犯；另一类收容那些犯了简单盗窃、暴力威胁和有伤风化等轻罪的精神病犯。对第二类精神病犯隔离的期限应当比对第一类短。①

（七）反对机械适用无罪推定，主张恢复“案情不清”或“证据不足”裁决

事实不清或证据不足可能是不同司法管辖区都普遍存在的一个问题，我国也同样如此。对于如何解决这一问题，菲利提出了不同于以往而且迄今依然具有重要启示的观点。

菲利认为，根据“遇有疑义时应有利于被告人”这样一个普遍

① 〔意〕菲利：《犯罪社会学》，郭建安译，中国人民公安大学出版社 2004 年版，第 290～292 页。

规则建立的无罪推定原则，在大多数情况下是应当遵守的，因为“与诚实的人相比，未被察觉的罪犯很少”，所以在证明被告有罪之前必须认为他是无罪的。

但是，“当证明被告人有罪的证据确凿时，例如，在现行犯罪案件中或在被审判中有其他因素证实的自首案件中，鉴于有绝对事实存在，无罪推定原则似乎应当停止适用。而且，尤其是在我们处理惯犯时更应如此。”

菲利以自己的亲身调查经历说明，对这一原则的机械适用甚至受到了惯犯的讥讽。他自己问过的一个被根据间接证据定罪的惯犯说：“他们知道我可能犯了罪，但又没有任何证据。其实，他们是正确的。如果你从未盗窃过，那么你绝不会被定罪。如果我们碰巧有一次是无辜的，那么我们据此就可以否认其他未被发现的数次犯罪。”

此外，菲利主张，在上诉审中也不应当适用无罪推定原则。在初审中适用无罪推定原则是正确的，但是当在一审中“事实已经推翻这一推定，初审已经定罪之后再坚持这一推定则是不可理解的。”

当时，在意大利法学界争论的一个问题是，在陪审团赞成定罪和否定定罪表决票数相同的情况下是否定罪，一种观点认为也适用无罪推定原则。

菲利指出，“对遇有疑义时应当有利于被告人这一假设的夸张”和对无罪推定原则的机械适用，是由于一种法律准则的僵化和衰退造成的。由于某些法律准则的僵化和衰退，根据对当时情况的观察和总结所做的提议，在当时那些情况改变或消失之后，仍然有效并被机械地适用。

菲利觉得，对无罪推定原则的机械适用有违社会公正原则。“公正的定罪和公正的宣告无罪共同构成了判决的公正。如果个人有权主张他不应当因为法官的错误或愚昧无知而被定罪，那么社会也有权要求那些同样因为法官的错误或愚昧无知而被宣告无罪的人不能享有自由。”

为了纠正“对遇有疑义时应当有利于被告人这一假设的夸张”和对无罪推定原则的机械适用，菲利提出恢复在罗马时代适用的以“案情不清”形式所承认的“证据不足”的裁决作为“无罪”和“有罪”裁决的中间形式。他认为，“每一个受审的人，如果其无罪已被证实，都有权要求宣告无罪。不过，如果证据不足，他唯一的权利是不被定罪，因为他的有罪尚未被证明。但是，当嫌疑还存在的时候，社会并没有义务宣告他绝对无罪。在这种情况下，一个‘证据不足’的裁决是唯一合乎逻辑的公正裁决。这样一个裁决将消除对被宣告无罪的人的怀疑。另一方面，由于在证明无罪和证据不足的案件中的裁决效力相同，还将避免法官和陪审团在证据不足时不宣告无罪而宣告有罪但处以轻刑的折衷倾向。”

在此，菲利还批评了上诉不加刑原则。“如果为了纠正初审法官可能出现的错误起见允许上诉，那么为什么我们只允许在纠正时减轻而不能加重刑罚呢？因为上诉常常只是一个拖拉的借口，二审似乎只是为了鼓励被告人滥用他的权利的目的而赋予他。”这样，即使行为人“获益于伪证、伪造文件、法官的威胁或舞弊或者其他任何罪行，被无罪开释的人也会平静地享受自吹之乐，而且甚至会自夸自己参与了其事，丝毫也不担心会再被审判。”

对此，菲利主张以“公诉人要求再审的权力与其对抗，但公诉人要求再审只能是：为了法律，并且对被宣告无罪的人不带任何偏见。”实证派寻求的是“个人和社会权利的均衡”。[①]

（八）呼吁废除陪审团制度

从社会分工专业化的角度出发，菲利坚决主张应当废除陪审团制度。针对陪审团制度设立的依据，他一一进行了驳斥。

首先，从政治方面看，陪审团体现了人民主权理念，因为它承认法律权不仅来源于人民，而且还应当由人民直接行使。但是，各国立法对陪审团名单和职能的限制实际上将所谓人民通过陪审团对法律权的行使压缩到了最低限度。“我们很难明白，人们随便选举的12个陪审员为什么就能够真正代表实际上常常反对他们的裁决的民众的意识。”

其次，陪审团制度是防止公民的政治自由权利遭受政府滥用权力之侵害的保证。如果没有陪审团，当少数法官在一定程度上为政府所控制时，很容易出现政府滥用权力的情况。但是，历史的经验表明，当人民的自由权在国家政治体制中获得有效保障的时候，陪审团就是一种形式，没有任何实际意义；而当政府专制，人民的自由没有保障，法官胆小怕事时，陪审团也无济于事。专制政府甚至根本就不设立或者取消陪审团。在历史上，意大利北部被拿破仑占领时，在1815年取消了陪审团；波旁王朝于1820年在那不

① 〔意〕菲利：《犯罪社会学》，郭建安译，中国人民公安大学出版社2004年版，第222～225页。

勒斯取消过陪审团；奥地利占领伦巴第时，也于1849年取消了陪审团。在当时的沙皇俄国，只允许陪审团参加对一般犯罪的审理，而不允许它参与对政治犯罪的审理。总之，陪审团作为一种政治和保障自由的制度，“只要当它有用时就被莫名其妙地取消，但当它被承认时却又没用”。

此外，“即使陪审团有时能够防止政府滥用权力，但它自身却常常不能摆脱自己的情感或几乎所有陪审员都属于其中一员的社会阶层（当代中产阶级）的影响。众所周知，陪审团对因侵犯财产罪而被起诉的被告人显然比对因侵犯人身罪，尤其是因憎恨、复仇等动机而犯罪的被告人更严厉，因为每个陪审员都认为自己也有可能成为盗窃或图财害命的对象，相反却不会担心自己成为仇杀、伤害和贪污公共财产罪的被害者。”而且，这样一个能够抵制政府压力的陪审团又常常不能抵制来自公民的压力，无论是直接的还是间接的。

再次，陪审团制度是一种肯定公民平等意识的方式，因为每一个公民明天都可能成为与他地位相同者的法官。但是，这只是一种理论上的可能，因为陪审团的原则中还有各种各样的限制。

最后，陪审团制度可以成为一种用实际的法律知识进行教育的手段。但是，由于陪审员了解犯罪的细节，而且知晓法庭定罪方面的弱点，陪审员也可能受到犯罪的传染。

除了上述依据之外，菲利主张取消陪审团制度的主要理由，是陪审团制度破坏了最基本的“劳动分工的自然规律”和“社会职能的差异规律”。菲利提出，“社会职能应当尽可能选择最有才智的人来行使”是“集体和个人生活的共同准则”。“在日常生活中，我们要求每一个劳动者都从事他能够更好地完成的工作。例如：没有人会梦想让一个鞋匠来修理他的表。但是，我们却要求我们偶然碰到的任何人，无论是杂货商还是一个终生都未见过刑事审判的画家或领取抚恤金的人来从事刑事审判工作。”“如果刑事审判只是简单地宣告某一行为是好是坏，那么个人的道德观念就足够了。”但是，“即使撇开我们认为有必要对每一个被告人都进行生理心理学试验的技术方面的观念不论，社会正义也显然不能通过一个漫不经心的陪审员一瞬间的未经思考的印象来实现。”“因为刑事审判是一个确定证据和检验客观和主观事实的过程，所以单凭道德观念还不够，每一次的审判还都必须运用才智。”

菲利还指出了陪审团容易感情用事以及过分同情被告人等弱点。总之，菲利主张取消陪审团制度。但是，考虑到“建立一个新的社会机构比撤销一个旧的社会机构更容易，因此有必要先对陪审团进行主要的、最紧迫的改革。”“保留陪审团参与审理政治犯罪以及那些与出版和社会有关的犯罪”。待“采取改革措施保证法官的权力和独立之后，应当取消陪审团对一般犯罪的审理”。[①]

参考文献：

1. 恩里科·菲利：《实证派犯罪学》，郭建安译，中国政法大学出版社 1987 年版。

① 〔意〕菲利：《犯罪社会学》，郭建安译，中国人民公安大学出版社 2004 年版，第 249～264 页。

2. 恩里科·菲利:《犯罪社会学》,郭建安译,中国人民公安大学出版社 1990 年版。

3. 吴宗宪:《西方犯罪学史》,警官教育出版社 1997 年版。

4. Thorsten Sellin,"Enrico Ferri", in Hermann Mannheim (ed.), *Pioneers In Criminology*, Second Edition, Montclair, New Jersey, Patterson Smith Publishing Corporation, 1972.

译后记

我翻译的《实证派犯罪学》一书首次出版于1987年，由中国政法大学出版社出版。本书的翻译和出版首先得益于我当年读研时的外国刑法老师童颜教授，他在我们快毕业时拿着一本复印的本书英文版找到我们，希望我们把它翻译过来。当年，我的英文不是很好，翻译起来很吃力。好在翻译过程中发现早在1936年许桂庭前辈就在商务印书馆出版了这本书，虽然是文言文，但是翻译的意思还是可以参考的。我参考着许老前辈的译本，吃力地翻译完了英文版的《实证派犯罪学》。对于译文的质量，自己没有把握，便经童颜老师引荐找到本校罗典荣教授校订。罗典荣教授校订完之后，中国政法大学出版社社长李传敢先生决定在该社出版本书。领我们入门和帮我们把关的童颜和罗典荣教授都已先后离开我们多年，写到这里感到很是怀念他们，愿他们在另一个世界一切安好！

2004年，中国人民公安大学出版社编辑孙静女士找到我说想把该书和《犯罪社会学》一并再版，我同意了，并对两本书都再次进行了校订，后来这两本书都被放在"刑事法学译丛"中再版了。过了几年，因为该书脱销又重印了一次。去年，商务印书馆的马冬梅编辑突然打电话给我，说她们出版社对这两本书都很感兴趣，而且注意到公安大学出版社的10年版权期限已到。如果我同意，商务印书馆想出这两本书，还把《犯罪社会学》列入“汉译世界学术名著丛书”。公安大学出版社自第2次印刷之后就一直没有再与我联系过，想必对再版或加印都不再感兴趣，我便接受了商务印书馆的邀请。我自己也上网查了几大知名网上书店，这两本书均已缺货，连公安大学出版社自己也是如此，确有再版必要。收到这两本书的清样之后，我又从头到尾仔细精读了一遍。像每次校订的结果一样，又发现了不少笔误和自己感觉不满意的句子，对着中文版和英文版都做了修正和润色，相信读者读起来会比前两版感觉更好一些。

感谢原书作者为后人留下了这部不朽的名篇。本书虽然只是作者在那不勒斯大学的三篇演讲，但是对于初生不久的实证刑事法学派别产生的历史背景和主要立场还是交代得非常清楚。老先生早在100多年前讨论并给出答案的许多问题今天依然发人深省，老先生思考和解决问题的方法目前在辩证思维发达而实证方法欠缺的我国刑事法学研究中依然具有重要价值。另外，我之所以在圈里很早就有点知名度，在很大程度上是借助于这本书的翻译。我自己出版的几本书和发表的几篇文章，如果不借助于老先生著作翻译者的身份，可能没有多少人会看的。这次商务印书馆再版本书，我再次沾了老先生的光了。当然，还要感谢马冬梅女士慧眼识金，重新认准这本书的学术价值，使其在80年之后再在商务印书馆这个百年老号得以白话文版问世。最后，对于本书的内容和作者的学术思想，在“认识菲利”一文中已做详细评述，“后记”就此打住，不再啰唆。

郭建安

2015年5月23日

图书在版编目(CIP)数据

实证派犯罪学/(意)菲利著;郭建安译.—北京:商务印书馆,2016(2019.8重印)
ISBN 978-7-100-12138-5

Ⅰ.①实… Ⅱ.①菲… ②郭… Ⅲ.①犯罪学—学派—意大利—现代 Ⅳ.①D917

中国版本图书馆CIP数据核字(2016)第066142号

实证派犯罪学
〔意〕恩里科·菲利 著
郭建安 译

商 务 印 书 馆 出 版
(北京王府井大街36号 邮政编码100710)
商 务 印 书 馆 发 行
北京艺辉伊航图文有限公司印刷
ISBN 978-7-100-12138-5

2016年10月第1版 开本 850×1168 1/32
2019年8月北京第2次印刷 印张 4¾
定价:18.00元